우리가 지금껏 몰랐던

신화의 비밀, 명화의 비밀

우리가 지금껏 몰랐던
신화의 비밀, 명화의 비밀

초판 1쇄 인쇄 2020년 1월 8일
초판 1쇄 발행 2020년 1월 15일

지은이 제라르 드니조 **옮긴이** 배유선

펴낸이 이상순 **주간** 서인찬 **편집장** 박윤주 **제작이사** 이상광
기획편집 김한솔 박월 최은정 이주미 이세원 **디자인** 유영준 이민정
마케팅홍보 이병구 신희용 김경민 **경영지원** 고은정

펴낸곳 (주)도서출판 아름다운사람들
주소 (10881) 경기도 파주시 회동길 103
대표전화 (031) 8074-0082 **팩스** (031) 955-1083
이메일 books777@naver.com **홈페이지** www.books114.net

생각의길은 (주)도서출판 아름다운사람들의 교양 브랜드입니다.

ISBN 978-89-6513-574-6 03100

La Mythologie expliquée par la peinture

Direction de la publication : Sophie Descours
Édition : Françoise Mathay
Conception graphique et mise en page : François Meunier
Iconographie : Valérie Perrin
Fabrication : Rebecca Dubois

© Larousse 2017

Korean language edition 2020 by Beautiful People
Korean translation rights arranged with Larousse through EntersKorea Co., Ltd., Seoul, Korea.

이 도서의 국립중앙도서관 출판예정도서목록(CIP)은 서지정보유통지원시스템(http://seoji.nl.go.kr)과
국가자료종합목록구축시스템(http://kolis-net.nl.go.kr)에서 이용하실 수 있습니다. (CIP제어번호 : CIP2019051233)

파본은 구입하신 서점에서 교환해 드립니다.

LA MYTHOLOGIE EXPLIQUÉE PAR LA PEINTURE

우리가 지금껏 몰랐던
신화의 비밀, 명화의 비밀

제라르 드니조 지음 | 배유선 옮김

풍요롭고 지적인 삶을 위한 교양 수업

지은이 | 제라르 드니조 Gérard Denizeau

음악이론가 겸 예술사학자. 문화유산 전문가이기도 하다. 파리 시립 음악원(CRR)과 국립 원거리 교육센터(CNED) 교수직을 지냈고 프랑스 퀼튀르(France Culture)의 라디오 프로그램을 여러 편 제작했다. 지금은 분야를 넘나드는 독창적인 시각으로 대중과 전문가들에게 인정받으며 음악·미술 분야에서 활발한 저술 활동을 펼치고 있다. 대표 저서로는 『우리가 지금껏 몰랐던 신화의 비밀, 명화의 비밀La Mythologie expliquée par la peinture』, 『그림으로 읽는 성경La Bible expliquée par la peinture』, 『그림이 들려주는 영웅 이야기Les héros et légendes expliqués par la peinture』, 『그림으로 읽는 프랑스사L'Histoire de France expliquée par la peinture』, 『레오나르도 다 빈치Léonard de Vinci』 등이 있다.

옮긴이 | 배유선

연세대학교 불어불문학과와 이화여자대학교 통역번역대학원을 졸업했다. KBS 월드라디오 작가로 국내 소식을 불어권에 전하고 불어권의 좋은 도서를 국내에 소개하고 있다. 옮긴 책으로는 『우리가 지금껏 몰랐던 신화의 비밀, 명화의 비밀』, 『너무 재밌어서 잠 못 드는 수학』, 『오늘도 궁금한 것이 많은 너에게』, 『너희 정말, 아무 말이나 다 믿는구나!』, 『라페루즈의 세계 일주 항해기』, 『수학이 일상에서 이렇게 쓸모 있을 줄이야』, 『꼬마 농부의 사계절 텃밭 책』, 『내게 스무 살은 없다』 등이 있다.

일러두기

– 이 책은 그리스 신화를 다양한 원전에서 직접 인용하고 있으나 작가가 구체적인 도서 정보를 남기지 않았습니다. 국내 독자가 어떤 판본이라도 참고할 수 있도록 대략적인 위치를 기록했습니다. 각 원전 작가의 이름은 첫 인용 때만 제시합니다.
– 파블로 피카소의 작품 〈미노타우로스와 죽은 암말〉을 다룬 글(308~311쪽)은 이미지 저작권사의 요청으로 다른 본문과 편집 방식이 다릅니다.

'미톨로지'(mythology) 혹은 신화. 이보다 정의하기 쉬운 단어가 또 있을까? 그리스어 어원으로 따지면 '허구적 이야기' 미토스(μῦθος)와 '논리적인 말' 로고스(λόγος)의 결합이니, 신화는 가려진 시대에 관한 이야기다. 혼돈에서 튀어나온 세계에 신들의 파란만장한 탄생과 기괴한 피조물들의 지축을 흔드는 전쟁에서 시작되어 나약하지만 영리한 인간의 등장으로 이어지고, 그들을 이끄는 영웅이 신들의 가호 혹은 징벌을 받는 대서사시다.

두려움에 맞선 이성적 노력

눈 떠보니 부조리한 세상에 던져져 있던 인간에게 신화란 그 자체로 위로가 되는 해명이었다. 태풍, 화산 폭발, 천둥과 지진, 이 모든 자연의 무자비함을 신의 분노 탓으로 돌릴 수 없었다면 얼마나 두렵고 혼란스러웠을까? 신화는 자연과

**라파엘로 산치오(라파엘),
〈신들의 회의〉,
1511년경,
이탈리아 로마,
빌라 파르네시나.**

작가는 그리스 로마 판테온 신전의 이상적인 첫 관문으로 신들의 회합을 구름 위에 올려놓았다. 작품 왼쪽에는 전령의 신 헤르메스(메르쿠리우스)가 나체로 서 있고, 오른쪽에는 아프로디테(베누스)가 사랑의 신 에로스(쿠피도)를 제우스(유피테르)에게 소개하고 있다. 그 곁에는 형제 포세이돈(넵투누스)과 아내 헤라(유노)가, 그 뒤로는 아르테미스(디아나)와 투구를 쓴 아테나(미네르바)가 보인다.

9

신과 인간이라는 세 범주를 얽어 운명의 부조리함에 맞설 논리를 제공한다.

일찍이 인간은 이야기 짓기를 통해 지혜를 발휘했다. 신화의 씨실과 날실을 이렇게 풍성하고 복합적으로 얽어낸 지역이 한두 곳은 아닐 테지만, 일일이 밝히기 애매한 여러 이유로 그리스 로마 신화는 신화의 대표 주자가 되었고 회화 분야에서는 거의 독보적으로 다루어졌다. 물론 북유럽의 오딘과 토르, 중동의 길가메시도 빠뜨리면 섭섭하다. 하지만 그리스에서 추앙받다 로마까지 접수한 신들의 명성에 비할 수는 없다. 또 중국, 인도, 이집트, 아메리카와 아프리카, 호주 등 풍성한 고대 신화를 보유한 여타 문화권에서도 그리스 신화만큼 오늘날까지 보편적 영향력을 미치는 유산을 찾기는 어려워 보인다.

출처의 문제

역사가에게 있어 신화라는 방대한 토양은 성경, 코란, 세르반테스의 『돈키호테』, 빅토르 위고의 『세기의 전설』처럼 한 우물만 팔 때 느끼는 안락함과는 거리가 멀다. 수많은 문학작품을 중심으로 때론 화병 속 그림까지 꼼꼼히 뜯어보아야 비로소 그리스 신화가 우리 곁에 다가온다. 더구나 이 다양한 참고 자료가 엇박자를 내기도 하니 그 곤란함은 이루 말할 수 없다. 그나마 일치된 견해는 전통 설화의 근간이 되곤 하는 대지의 여신(그리스에서는 가이아)이 최초의 혼돈에서 탄생했다는 것이다.

따라서 역사적 엄밀함을 추구하자면 가장 오래된 출처를 참고하는 것이 바람직하다. 기원전 8세기까지 거슬러 올라가는 세 편의 저서, 호메로스의 대서사시 『일리아스』와 『오디세이아』, 헤시오도스의 『신통기』가 대표적이다. 트로이 전쟁과 오디세우스의 방황을 다룬 호메로스의 작품은 근 삼천 년 동안 말이 필요 없는 유명세를 누렸다. 그에 비해 '신들의 기원'을 뜻하는 『신통기』는 상대적으로 은근한 명성 탓에 부연 설명이 따르곤 한다. 성경 같은 경전이나 『일리아스』 같은 전쟁 서사가 아님에도 모든 진지한 신화 연구의 초석으로 남은 놀라운 시다. 평범한 목동 헤시오도스는 신들의 이야기를 노래하라는 무사이의 명령에 따라 세계가 존재하기 전의 '카오스'에서 시작해 태초의 신들인 가이아(대지)와 에레보스(암흑)와 에로스(사랑)의 어렴풋한

◎ 판테온을 공유한 그리스와 로마

이 책의 뒤편(312쪽)에는 그리스와 로마의 신들을 한눈에 비교한 표가 실려 있다. 그리스와 로마에 양다리를 걸친 것은 신화를 다룬 회화 작품의 두드러진 특징 중 하나다. 화가들이 신들의 호칭을 두 문화권 중 하나로 통일해서 부르는 경우가 드물었던 탓이다. 가장 잘 알려진 사례로는 제우스와 유피테르, 헤라와 유노, 아르테미스와 디아나, 아프로디테와 베누스, 포세이돈과 넵투누스, 헤르메스와 메르쿠리우스 등이다. 때로는 어느 한쪽이 우세하다. 그리스의 아테나는 로마의 미네르바를 눌렀고, 로마의 마르스 때문에 그리스의 아레스는 잊혀졌다. 이런 대립을 가까스로 벗어난 신은 노래와 음악과 시와 빛과 의술과 예언을 관장하는 아폴론—아폴로뿐이다. 그는 그리스에서나 로마에서나 비슷한 이름으로 통했다.

실루엣을 그려나간다. 밤, 죽음, 하계 같은 다른 신들도 서서히 모습을 드러낸다. 치열한 전쟁 끝에 제우스는 (아버지를 포함한) 기간테스와 티타네스를 물리치고 드디어 신계의 왕권을 쟁취한다. 그리스 최고봉인 올림포스 산에는 신전이 세워지고, 정의와 질서와 평화를 바탕으로 통치권이 수립된다.

한편 로마 제국은 베르길리우스의 『아이네이스』와 오비디우스의 『변신 이야기』로 남부럽지 않은 참고문헌을 남겼다. 호메로스의 반열에 들길 꿈꾸던 베르길리우스는 『아이네이스』를 통해 트로이 영웅이자 로마 건국 신화의 주인공인 아이네이아스의 연대기를 읊었다. 기원전 29~19년에 기록된 이 장대한 서사시는 트로이 함락에서 라티움 정복에 이르는 열두 편의 노래로 로마 판테온의 신들을 새롭게 조명해냈다. 한편 기독교 시대 여명기에 쓰인 『변신 이야기』는 문체의 아름다움이 압권이다. 이 작품을 통해 오비디우스는 신화의 골조를 완벽히 정리했다. 최초의 혼돈부터 아우구스투스 신격화까지, 기간테스와 신들, 괴물과 여신들, 님페와 영웅들, 오르페우스와 헤라클레스, 로물루스와 피타고라스 등 격정의 주인공들을 한 자리에 모았다. 자기 시대를 과감히 엮어낸 시인의 천재적인 서정성과 꼼꼼한 기록이 값을 매길 수 없는 참고문헌을 탄생시킨 것이다.

신화 앞에 선 화가들

프랑스에서는 몇 해 전 그리스어와 라틴어가 중등 교과과정에서 제외되면서 고대 신화를 현대적 상상으로 연결시키던 고리가 느슨해지고 말았다. 그 고리를 다시 조여 주는 것이 있다면 다행히도 날로 커지는 예술사에 대한 관심이다. 더구나 16세기부터 19세기까지는 신화에서 영감을 끌어온 화가들이 헤아릴 수 없이 많았고, 그 전과 후로는 폼페이 벽화나 피카소를 보면 알 수 있듯 확실히 그런 경향이 덜하다. 한 권의 책에 방대한 신화를 다 담겠다면 욕심일 것이다. 하지만 시간 순으로 정리한 작품 오십여 점이라면 맛보기로 손색없지 않을까? 우주 창조부터 고대 서사시까지, 태초의 신들부터 호메로스와 베르길리우스가 노래한 영웅들까지, 각 시대의 걸작과 대표작을 엄선하여 신화와 예술이라는 양 갈래에서 해설하고 음미했다. 독자들은 명화가 주는 시각적 환희를 넘어 신화를 읽는 눈이 점차 바뀌어온 것을 확인하게 될 것이다. 그러나 그럼에도 불구하고 그 거침없던 시대의 이야기가 언제나 매력적이었다는 사실도 함께 발견하기를 바란다.

제라르 드니조

◎ 덧붙이는 말

작가의 사후에 빛을 본 많은 작품들은 작품명이 문제가 되곤 한다. 세월이 흐르며 이름이 달라지고 수많은 언어로 번역되어 여러 버전이 등장했기 때문이다. 이 책에서는 신화 원어에 기초하되 국내에 잘 알려지거나 통용되는 작품명을 기준으로 삼았다. 작가 색인(314쪽)에서 작가명과 작품명의 원서 표기를 확인할 수 있다.

자식을 삼키는 사투르누스

_프란시스코 데 고야

프란시스코 데 고야,
〈자식을 삼키는 사투르누스〉,
1819~1823년,
캔버스에 옮긴 벽화,
143.5×81.5cm,
스페인 마드리드,
프라도 미술관.

| 신화를 | 말하다 | 자식을 삼킨 아버지와 아버지를 거세한 아들

태초의 혼돈을 막 벗어난 세상의 시작점. 하늘의 신 우라노스와 대지의 여신 가이아 사이에서 최초의 신들이 태어난다. 막내 크로노스(로마의 사투르누스)를 포함해 (초)인간적 형상을 한 티탄 12신, 외눈박이 키클로페스 삼 형제, 팔이 백 개이고 머리가 오십 개인 헤카톤케이레스 삼 형제가 그들이다. 그중 크로노스는 교활하고 음흉해 호메로스도 헤시오도스도 높이 사지 않았다. 어머니와 손잡고 아버지를 거세한 자가 아니던가? 또한 자기와 동류인 티탄족 형제들은 우라노스에게서 해방시켜놓고 키클로페스와 헤카톤케이레스 형제들은 음울한 지하 감옥에 던져 넣지 않았던가? 자식 손에 죽게 되리라는 신탁을 들은 이후엔 누이 레아와 근친상간으로 낳은 자녀를 족족 집어삼킨 자도 바로 그다. 그리하여 이어지는 장에서 만나볼 최초의 신 중 다섯 명, 헤스티아(화로), 데메테르(농경), 헤라(결혼), 하데스(저승), 포세

T 536

이돈(바다)이 그의 뱃속으로 사라졌다. 마침내 여섯째를 임신했을 때, 괴로워하던 레아는 어머니 가이아를 찾아간다. 가이아는 크레타 동굴에 아이를 숨기고 강보에 싼 돌덩이를 건네주면 크로노스가 의심없이 삼킬 것이라고 조언한다. 예상은 적중했다. 그렇게 태어난 제우스는 부모와 떨어져 염소 아말테이아의 젖을 먹고 자라더니 결국 살인마 아버지가 자녀를 토해내게 만든다. 특별 조제한 약물을 삼킨 크로노스는 헤스티아와 데메테르, 헤라, 하데스, 포세이돈을 게워내고, 이들이 올림포스 산의 주인이 된다. 제우스도 무정한 아버지를 타르타로스⁰⁰¹에 가둔 후 형제들과 합류한다.

001
하계 가장 밑의 나락으로
신들조차 기피하는 곳

| 붓질 | 속 | 이야기 |

❶ **검은 배경** | 음울하도록 어두운 배경은 올림포스 산이 '문명화'되지 않은 시절을 보여준다. 머지않아 제우스가 이곳을 다스리게 되지만 아직은 아무런 안정적인 면모나 그 어떤 이성적인 조짐도 보이지 않는 태초의 혼돈에 가깝다.

❷ **크로노스의 광기 어린 눈** | 무언가에 홀려 있는 눈빛은 이 그림에 괴기스러움을 더할 뿐 아니라 묘하게도 역설적인 인간성을 불어넣는다. 여기서 자식을 삼키는 자는 계획적인 살인마가 아니다. 그저 미쳐서 눈이 돌아간 아버지일 뿐이다.

❸ **아이의 몸** | 고야가 죽고 나서야 작품이 발견된 탓에 가련한 희생자는 이름도 성별도 묻혀 버렸다. 훗날 제우스가 되살린다는 것밖엔 알 수가

없다. 이미 반쯤 잡아먹힌 아이의 호리호리한 체구로 미루어 볼 때 유년 기보다는 청소년쯤 되어 보인다.

❹ 사타구니 ┃ 원작 속 크로노스는 남근이 발기되어 있었지만 벽화 훼손 탓인지 초기 복원자의 종교적 신념 때문인지 지워졌다는 설이 여러 학자의 지지를 받고 있다. 어쨌거나 사타구니를 어둡게 덮어버린 것은 삶과 죽음이라는 상반된 본능이 신화 속에서 밀접하게 연결되어 있음을 보여준다.

같은 주제 다른 그림

◈ 가장 비정한 해석

페테르 파울 루벤스, 〈아들을 잡아먹는 사투르누스〉, 1637년, 캔버스에 유채, 180×87cm, 스페인 마드리드, 프라도 미술관.

고야의 작품이 음울하기는 해도 이백 년 앞서 루벤스가 그린 광경만큼 잔인하지는 않았다. 루벤스는 자지러지게 우는 갓난쟁이를 눈 하나 깜빡 않고 산 채로 삼키는 생부의 모습을 그렸다. 피도 눈물도 없는 노부의 고의적인 범행은 고야의 작품과는 달리 일시적 광기를 핑계 삼기 힘들게 만든다.

청각장애로 세상을 등졌던 프란시스코 데 고야는 1819년 마드리드 외곽에 집을 한 채 매입한다. 그 이름도 유명한 '퀸타 델 소르도', 일명 '귀머거리의 집'이다. 고야 이전의 집주인도 난청을 앓은 터라 이런 이름이 붙여졌다. 거장은 이 집의 벽면에 〈검은 그림〉 연작 열네 점을 남겼고, 그가 죽은 후 작품들은 캔버스에 옮겨져 현재 프라도 미술관에 소장 중이다. 늙고 병든 고야는 앞날에 대한 불안과 스페인을 덮친 전쟁의 공포에 휩싸여 서양 회화사를 통틀어 가장 끔찍한 장면들을 집안에 그려놓고 홀로 감상했다.

〈자식을 삼키는 사투르누스〉는 응접실에 그려진 여섯 점 중 하나다. 하필이면 식탁 앞에 식인의 현장이라니. 이미 아이는 머리와 상체 일부가 없어졌고 피범벅이 된 조그만 몸이 뻣뻣하게 굳어버렸다. 귀기 어린 아버지의 쩍 벌린 입은 컴컴한 심연처럼 다가오고, 튀어나올 듯한 두 눈과 거칠게 웅크린 자세는 먹잇감을 향해 달려드는 야수 같다. 두 손은 아이의 으스러진 등을 옥죄는 맹수의 발톱이다. 그 섬세한 묘사가 섬뜩하다. 이 장면은 우리에게 엄격한 신화적 해석을 넘어, 죽을 수밖에 없는 인간 본연의 고통과 살인 충동이라는 저주, 나아가 보다 누그러진 현대적 관점에서 보자면 세대 갈등의 소용돌이를 보여준다.

◎ 인간의 형상을 한 신들

고야의 그림은 그리스 로마 신들이 가진 첫 번째 특징을 상기시킨다. 신인동형론, 즉 사람과 닮은꼴이다. 그러나 엄연한 차이가 존재한다. 인간에 비해 거인처럼 크거나 육중하고, 또는 초자연적으로 날렵하다. 게다가 불사의 향유 암브로시아와 꿀맛이 난다는 넥타르를 마셔서 인간처럼 죽지 않는다. 우리네 인생을 옭매는 육체적 쇠약과 무관한 그들을 종교의 대상으로 삼아 늘 고급 목재와 각종 진귀하고 특별한 보석으로 치장한 것은 어쩌면 당연한 일이었다.

유피테르와 테티스

_장 오귀스트 도미니크 앵그르

장 오귀스트 도미니크 앵그르,
〈유피테르와 테티스〉,
1811년, 캔버스에 유채,
324×260cm,
프랑스 엑상프로방스,
그라네 미술관.

| 신화를 | 말하다 | **가장 애틋한 감정의 순간**

그리스 신화에서 중요하게 다뤄지는 이 장면은 호메로스의 『일리아스』 첫 장에 기초한다. 여기에는 세 명이 등장한다. 유피테르(그리스의 제우스)와 그 아내 유노(그리스의 헤라), 그리고 헤시오도스 표현을 빌자면 "펠레우스와 결혼해 용맹한 심장을 가진 전쟁 영웅 아킬레우스를 낳은 은빛 발의 여신 테티스"[002]다. 이 테티스는 님페이자 바다의 여신이며 치명적인 실수를 저질러 트로이 전쟁에 직접적인 화근을 제공한다. 펠레우스와 결혼할 때 불화의 여신 에리스를 깜빡하고 초청하지 않은 것이다. 앙심을 품은 불화의 여신은 피로연장에 불쑥 나타나 문구가 새겨진 황금 사과를 하나 던지고 간다.
'가장 아름다운 여신에게!'
대체 누구를 위한 사과란 말인가? 신들의 여왕인 유노는 마땅히 자신이 그 주인이라 여겼고, 덕분에 거침없는 미네르바(아테나)와 우아

002
헤시오도스,
『신통기』 1006행~

한 베누스(아프로디테)의 심기를 단단히 긁어놓았다. 유노의 오만함을 두고 볼 수 없던 두 여신은 유피테르에게 판결을 요청한다. 그러나 여자에게 한없이 유약했던 신들의 왕은 이 곤란한 책임을 천진난만한 파리스에게 떠넘긴다. 파리스는 트로이 왕 프리아모스의 아들이자 도시를 내려다보는 이데 산에서 양을 치던 목동이다. 그의 결정은 결국 처참한 전쟁을 낳고, 그 전쟁은 테티스의 아들 아킬레우스를 앗아갔다. 테티스는 아들이 영광스럽게 요절할 운명이라는 것을 신탁으로 알고 있었으나 아들을 매우 사랑했고 무슨 청이든 들어주려 애썼다. 그래서 『일리아스』의 첫 곡은 테티스의 눈물로 얼룩져 있다.

"너는 너무나 불행한데다 곧 죽게 되는구나. (…) 그러나 내가 눈 덮인 올림포스로 가서 제우스에게 말하리라. (…) 그 무릎을 꼭 끌어안으면 그의 마음도 움직일 것이다."**003**

003
호메로스,
『일리아스』 제1권 414행〜

바로 이 애틋한 간청의 순간을 앵그르는 화폭에 담아 영원토록 남겼다.

| 붓질 | 속 | 이야기 |

❶ **유피테르의 얼굴** | 유피테르의 단호한 표정이 결연한 의지를 보여준다. 평소 다혈질에 우유부단하던 그와는 영 딴판이다. 창백한 님페가 고대인들이 애원하며 매달릴 때 취하던 전형적인 자세로 무릎과 턱을 어루만지며 온 몸을 기대고 있으니 그 손길에 누가 저항할 수 있을까?

❷ **세상에 없는 아름다움, 테티스** | 앵그르의 또 다른 명작 〈오달리스크〉처럼 이 작품도 회화미와 자연미가 다르다는 것을 보여준다. 흐느적대는 두

팔과 장대한 골반, 두꺼운 목에 비해 너무 작은 머리. 현실 속에서 이런 테티스를 만난다면 분명 기묘해 보일 것이다. 하지만 상냥하고도 아름다운 님페는 낮고 작은 인간세계에선 그 자체로 이미 낯선 존재가 아닌가?

❸ **뒤에서 지켜보는 아내** │ 숨죽여 지켜보는 유노가 심상치 않다. 신들의 여왕은 젊고 예쁜 여자에게 흔들리는 남편을 너무나 잘 알고 있다. 『일리아스』에서 그녀는 "은빛 발의 테티스가 당신을 홀렸을까 두렵고 떨려요. 아침부터 당신 곁에 붙어 앉아 무릎을 끌어안고 있었잖아요. 당신은 아마 아킬레우스를 돕겠다고 약속했겠지요."**004**라고 말한다. 마음을 읽힌 유피테르는 분을 내며 거짓말과 협박을 섞은 애매한 답변으로 맞선다.

004
『일리아스』 제1권 555행~

❹ **시공을 초월하는 독수리** │ 어느 시대, 어느 지역이든 권력의 상징이던 독수리가 매서운 눈빛으로 신들의 왕을 응시한다. 열렬한 숭배자의 자세다. 묘하게도 1811년, 작품과 같은 해에 태어난 나폴레옹 1세의 외아들은 '새끼 독수리'라는 별칭으로 불리었다.

| **그림을** | **말하다** │ **앵그르, 절대적인 권력을 그리다**

먹구름이 뒤덮은 하늘, 광활한 우주 앞 황금 보좌에 마치 설교 중인 그리스도 또는 생각에 잠긴 샤를마뉴, 혹은 명령을 내리는 나폴레옹처럼 좌정한 신들의 왕. 그에게는 아무것도 보이거나 들리지 않는 듯하다. 애원하는 젊은 님페도, 자신의 상징인 독수리도, 저 뒤편 걱정스런 아내의 모습도 무색하다. 그림 속 모든 것, 은근한 세부 묘사마저 그의 위엄을 말하고 있다. 보좌에 새겨진 부조까지 티탄족을 무찔

러 최고 권력을 손에 넣게 해준 그 전투 장면이다. 구릿빛 피부에 남성적이고 당당한 유피테르는 도자기 같이 하얀 얼굴에 온몸으로 감각적 곡선을 만드는 테티스와 매우 대조적이다. 왼팔을 접어 피어오르는 구름을 지그시 누른 유피테르는 자기에게 올라온 이 청원이 어떤 사태를 불러올지 이미 예견하고 있다. 젊은 어머니의 애원은 너무도 간절해서 호메로스 작품 속 외침이 들리는 듯하다.

"아버지 제우스여, 내 기도를 들어주소서. (…) 산 자 중 가장 죽음에 가까운 내 아들을 도와주세요."**005**

005
『일리아스』 제1권 503행~

그러나 트로이를 향한 유노의 분노는 또 어찌 달랜단 말인가? 더욱이 그녀는 그리 멀리 있지도 않다. 얄궂게도 그를 살려주었던 님페, 테티스의 눈물 어린 간구를 충분히 듣고도 남을 거리다. 유노는 수차례 자기 발등을 찍은 바람둥이 남편의 계략과 술책에 더는 호락호락당하지 않겠노라 온몸으로 말하고 있다.

회화적 관점에서 보면 이 작품은 여러 가지 대조점이 눈에 띈다. 뭉실한 구름과 신체 곡선이 꼿꼿한 홀과 제단의 직선에 대비되고, 파란 하늘은 금빛 보좌와 대조를 이룬다. 환하게 빛나는 몸 뒤로 어둠이 먹구름을 예고한다. 당대 내로라던 예술가의 재능을 여실히 증명하는 작품이다.

◎ 아킬레스건

자녀를 죽음에서 건져보려던 테티스의 전략은 여러 문헌에 나타난다. 그녀는 최후의 수단으로 스틱스 강에 아들을 담가 무적의 전사로 만들었다. '아킬레스건'이라는 표현도 여기서 나왔다. 안타깝게도 테티스가 아들의 발목을 잡은 채 강물에 담가 치명적인 약점을 남겼기 때문이다. 결국 트로이 전쟁의 막바지에 파리스가 쏜 독화살이 아킬레우스의 발목에 명중하며 영웅은 짧은 생을 마감한다.

헤라

_루이-자크 뒤부아

| 신화를 | 말하다 | **강인한 흰 팔의 권력자**

제우스처럼 티탄족 크로노스와 레아 사이에서 태어난 헤라(유노)는 신들의 여왕이다. 아름답고 질투 많은 그녀는 모든 작품과 특히 조각상에서 올림포스 그 누구보다 위엄 있게 그려진다. 태어나자마자 아버지 크로노스에게 잡아먹혔다가 남동생 제우스의 도움으로 되살아났으며 '처녀'를 뜻하는 '헤라 파르테니아'로 불릴 만큼 오랜 기간 독신으로 지내다 제우스와 혼인하여 천상천하 절대 권력을 공유한다. 현대 페미니즘의 뿌리를 머나먼 고대에서 찾는다면 헤라가 그 시작점이라 해도 이견이 없을 것이다. 헤라는

그리스 사회 속 늘 보잘 것 없는 지위에 머물던 여성들의 수호자였고 부부 생활의 결실에 관여하며 간통을 엄벌했다. 호메로스는 『일리아스』에서 "흰 팔의 여신"[006] 헤라를 열렬하고도 서정적으로 묘사했다. 제우스도 그녀만큼 자기 마음을 사로잡은 여자는 아무도 없었다고 시인했다.

"헤라는 거부할 수 없는 매력 그 이상이었다. 아름다운 몸에 그윽하고 감미로운 향유를 바르고 고귀한 황금 샌들을 신고 궁을 거닐면 지상도 올림포스도, 사방이 향기로 가득했다. 이마 주위로 땋아 올린 머리, 가슴 띠와 황금 브로치, 그리고 그녀는 아테나가 지어준 드레스를 입고 나무랄 데 없는 세 개의 보석이 달린 귀걸이를 하고 태양처럼 빛나는 너울을 썼다."[007]

헤라는 둘도 없는 난봉꾼 남편을 두어 늘 애를 먹는다. 특히 제우스가 혼자 낳은 딸, 도도한 아테나와 거듭 시비가 붙지만 승부는 늘 미적지근하다.

006
『일리아스』 제1권 53행~

007
『일리아스』 제14권 170행~

| 붓질 | 속 | 이야기 |

❶ **여신의 샌들** | 올림포스의 바위는 맨발로 오르기엔 너무 험준했다. 여신에게는 오죽했을까? 그래서 헤라도 발과 발목을 감싸는 전형적인 그리스식 샌들을 신었다. 하지만 호메로스에 따르면 이 같은 불멸의 금빛 샌들은 그 자체로도 신성해서 제멋대로 신들의 발길을 이끌기도 했다. 헤시오도스는 『신통기』 첫 장부터 지체 높은 아르고스(Argos)[008]의 헤라가 "황금 샌들을 신고 걷는

008
헤라가 사랑한
고대 그리스 도시

다."**009**라고 기록하고 있다.

❷ **공작새와 독수리** │ 헤라는 암소로 변한 님페 이오를 제우스에게서 확실히 떼어놓기 위해 눈이 백 개인 거인 아르고스(Argus)에게 감시를 맡긴다. 그러나 제우스가 헤르메스를 보내 성가신 감시자를 제거해버렸고, 이에 헤라는 충성스런 심복의 눈을 거두어 공작새 꼬리에 박고 영원히 기념하기로 한다. 바람둥이 남편에게 정절을 가르치기 위함일까? 홀 끄트머리에는 자신의 상징인 뻐꾸기 대신 제우스가 사랑하는 독수리를 달았다.

❸ 함축적인 상징, 가슴 | 결혼의 여신이자 가정 평화의 수호신인 헤라는 그와 동시에 아내이고 어머니였다. 헤라는 (비록 그녀만 그랬던 건 아니지만) 신들의 왕을 유혹할 만큼 아름다웠고 많은 자녀를 그 품에 안겨주었다. 그림 속에 드러난 가슴은 그녀의 관능적인 모성을 차갑지도 뜨겁지도 않게, 그리고 저속하지 않게 표현한다.

❹ 완벽한 그리스풍 옆모습 | 기독교에서는 신이 자기 형상대로 사람을 창조했다면 그리스인들은 신을 사람의 모양으로 만들어냈다. 물론 이상화된 남성 또는 (이 작품처럼) 여성이었다. 콧대와 이마가 매끄럽게 이어진 옆모습에 입술 선은 두껍지 않아야 하고 턱선은 둥글되 두툼해선 안 된다는 기하학적 도식에 충실했다. 올림포스의 통치자 헤라는 초자연적인 아름다움의 원형을 제공한다.

| 그림을 | 말하다 | **절제로 표현한 고전적 우아함**

앞 장에서 유피테르를 감싸던 구름 배경에 도사리던 헤라가 이번에는 전면에 등장했다. 보좌가 아니라 그저 구름에 앉아 쉬는 그녀의 모습은 이 장면의 비물질적인 속성을 상기시킨다. 이상적인 여신의 형이상학적 가벼움과 젊은 여인의 강렬한 관능미가 선명히 대비된다. 유연하고도 흔들림 없이 기대앉은 실루엣, 상아빛 살결, 도자기 같은 팔과 가슴 등 모든 것이 여왕의 농익은 아름다움을 노래한다. 그리고 이 성숙미는 권위를 겸비한다. 보석이 박힌 왕관, 독수리 상으로 장식한 홀, 왕족임을 알리는 금빛 샌들이 그 증거다.

화가는 여신의 옆모습을 앉은 자세로 그려냈다. 주로 신전 합각 양

끝의 정삼각형에 내접하도록 새기는 전형적인 자세다. 독특하게도 화폭 중앙에 여백을 두어 여신이 그녀가 애지중지하는 불멸의 상징, 공작새와 눈빛을 나누는 공간으로 살려냈다.

데생에 있어서는 새, 여신, 구름 등 곡선이 지나치게 많아 보일 수 있는 단점을 곧고 길게 뻗은 대각선 홀로 커버했다. 조각 같은 여신이 홀을 쥔 자세가 꽤나 거침없다. 그녀는 붉고 푸른 천으로 몸을 감쌌지만 조화로운 몸매를 다 가릴 수는 없었다. 덕분에 그리스 고전 조각에 대한 작가의 완벽한 이해도가 드러난다.

◎ **출생의 비밀을 간직한 프로메테우스**

순결하고 정숙한 헤라지만 젊은 시절 우라노스의 아들 에우리메돈에게 강간을 당해 원치 않는 출산을 했다고 전해진다. 그렇게 태어난 아이가 프로메테우스다. 고대 여러 기록에 따르면 제우스는 한참 뒤에야 이 사실을 알았고, 즉시 에우리메돈을 타르타로스에 던져 복수한다. 그러고도 분이 풀리지 않아서 가련한 프로메테우스에게 빌미를 잡아 쇠사슬로 묶어버리는 비겁한 짓을 했다고 한다.

넵튠과 암피트리테의 승리

_필리포 나폴레타노

| 신화를 | 말하다 | 바다의 신, 승리를 만끽하다

강과 바다의 신 넵투누스(포세이돈)는 헤시오도스의 작품에
서 "땅을 두르고 진동케 하는 자"**010**로 소개된다. 샘들을 다
스리고 어두운 저승의 일부를 지배하는 자다. 티탄족 레아
와 크로노스의 아들로, 그 역시 태어나자마자 아버지에게 삼
켜졌다가 동생 유피테르(제우스)에 의해 되살아났다. 유피테
르와 플루토(하데스) 곁에서 티탄족과의 치열한 싸움을 승리
로 이끌고 그 과정에서 키클로페스에게 기가 막힌 삼지창을
선물 받는다. 어디서든 쉽게 그를 알아보게 하는 징표다. 전
쟁에서 승리한 후 삼형제는 세상을 나누어 가졌다. 유피테르
는 광활한 하늘을, 플루토는 지하 세계를, 그리고 넵투누스
는 넓은 바다를 차지했다. 하지만 넵투누스는 실망감을 감추
지 못했다. 유피테르만 좋은 것을 차지했다고 수차례 불만을

토하고, 그래도 소득이 없자 결국 미네르바(아테나)와 유노(헤라)의 도움을 청하지만 권력을 잡아보려는 시도는 번번이 수포로 돌아간다. 그중에도 가장 쓰라린 패배를 맛본 곳은 훗날 아테네라고 불리게 된 도시에서였다. 미네르바와 넵투누스는 아테네와 인근 지역을 누가 다스릴 것인가 결정하기 위해 아크로폴리스에서 힘을 겨루기로 했다. 넵투누스는 삼지창을 두드려 말 여러 마리를 불러냈지만 미네르바는 창끝으로 올리브나무를 솟게 만들었다. 그리고 신도 인간도 올리브나무가 장차 도시에 더 유익할 것이라 판단했던 것이다.

넵투누스는 둘째가라면 서러운 호색가이지만 열정적인 구애 끝에 바다의 님페 암피트리테와 연을 맺었다. 아름다운 님페를 품에 안은 그림 속 그는 바다 위 승리를 만끽하고 있다. 삼지창으로 수면을 쳐서 파도를 일으키고 말이 이끄는 승리의 전차가 물길을 가른다. 이 둘 사이에서 태어난 아들이 무시무시한 트리톤이다. 괴물 형상의 트리톤은 헤시오도스의 『신통기』에 따르면 바다 깊숙이 황금 궁전에서 바다의 왕 아버지와 사랑하는 어머니 곁에 살고 있다.

010
『신통기』 15행

| 붓질 | 속 | 이야기 |

❶ 넵투누스를 상징하는 말 │ 그리스와 로마의 어느 자료를 보더라도 말과 넵투누스는 뗄 수 없는 관계다. 고대 최고의 서정 시인으로 꼽히는 베르길리우스는 농경 시 『게오르기카』 중 경작을 노래한 제1권에서 바다의 신을 "인간의 가장 숭고한 정복 역사"와 연관

011
베르길리우스,
『게오르기카』 제1권 20행~

지었다. 또한 농경신들에게 바치는 기도에는 이런 대목이 나온다.

"거대한 삼지창으로 대지를 두드려 요동치는 말을 솟아나게 한 최초의
신, 오, 넵투누스여!"**011**

❷ **암피트리테의 정복자** │ 시대와 지역을 막론하고 남자에게는 사랑하는 여자를 품에 안은 것만큼 확실한 '승리'의 징표도 없다. 고대인들에게 있어 신조차 예외가 아니었다. 그에게는 (물론 그의 숭배자들에게도) 젊고 아름다운 암피트리테가 곁에 있다는 사실이 드넓은 바다 제국을 가득 채운 기이한 창조물들 위에 군림하는 것보다 훨씬 중요해 보인다.

❸ **구름** │ 작품 위쪽을 가득 채운 구름이 그림 전체에 놀라운 역동성을 불어넣는다. 실내 풍경에 자주 쓰이는 바로크식 옷 주름과 동일한 기법이다. 위쪽 모서리에서 사선으로 떨어지는 흐름은 실제로 구름이 움직이는 듯한 효과를 준다. 가뜩이나 일렁대는 세상이 요동치는 하늘 때문에 더욱 분주해 보인다.

❹ **연인들의 뜀박질** │ 작품 속 가장 밝은 색깔 말을 탄 이 커플은 거의 동물적 사랑에 취해 있다. 모든 생명을 집어삼키는 바다가 모든 희망의 산실이기도 하다고 말한다. 신화 속 다른 상징들도 마찬가지다. 수많은 우여곡절 속에서 생명의 도약과 죽음의 급습 사이 끊임없는 균형을 꿈꾼다.

│ **그림을** │ **말하다** │ 광활한 풍경 속 황금분할의 비밀

로마에서 태어나 나폴리에서 공부한 필리포 나폴레타노[012]는 자신의 다른 신화 그림에서처럼 이 작품에서도 주인공을 조그맣게 처리했다. 당황한 관객들은 눈동자를 굴리게 된다. 이 화려한 날, 그림 왼쪽에 평범하게 서 있는 넵투누스와 암피트리테라니! 그러나 여기에는 화가의 섬세한 계산이 숨어 있다. 가로 중심선이 작품의 중간 높

012
필리포 드 안젤리(Fillipo d'Angeli)는 필리포 나폴레타노(Filippo Napoletano), 필리포 테오로도 디 리아노(Filippo Teodoro di Liagno) 등으로도 알려져 있다.

이쯤, 하늘과 바다 사이에서 두 주인공의 허리선을 지난다. 그리고 둘은 정확히 황금분할 지점에 서 있다. 왼편의 좁은 여백과 오른편의 넓은 여백 사이의 비율이 넓은 여백과 작품 전체 너비 사이의 비율과 동일하다. 이미 오래 전부터 효율성을 검증받은, 특히 대형 작품에서 탁월한 효력을 발하는 기법이다.

이 가상의 바다 풍경 한가운데 유쾌하고 다채로운 무리가 활보한다. 신들이 트리톤과 어울리고, 말들이 세이렌과 헤엄치고, 하늘은 구릉처럼 일렁대는 바다 속에 녹아든다. 특히 눈길을 끄는 것은 팔의 움직임이다. 구름을 향해 치든 넵투누스의 팔을 비롯해, 벌리거나 쭉 펴거나 흔들거나 구부린 모양새들이 발레를 본 딴 듯도 하고 어딘가 환상적이다. 이 열광하는 무리 속에서 삼지창을 손에 쥔 바다의 신이 유피테르도 부럽지 않을 영광을 누리며 바닷길을 연다.

◎ 인간의 충실한 벗, 돌고래

바다의 심연과 마주할 때 고대인들이 느낀 감정은 주로 공포와 당혹감이었다. 그들은 상상력을 발휘해 괴기스럽거나 매혹적인 창조물로 바다를 가득 채웠다. 그러나 뱃사람의 경험상 돌고래만큼은 늘 인간에게 다정하다는 사실을 알게 되었다. 그 결과 돌고래는 특별한 지위를 누리며 모든 바다의 신들에게 소중한 존재로 자리매김한다. 넵투누스에게는 특히 그러했다. 그는 충직한 돌고래 델피누스를 탄 모습으로 자주 그려졌으며 암피트리테가 그의 사랑을 받아주지 않던 시절, 자신을 대신해 그녀를 설득한 델피누스에게 헌신적인 공로를 치하하기도 한다.

팔라스 아테나

_구스타프 클림트

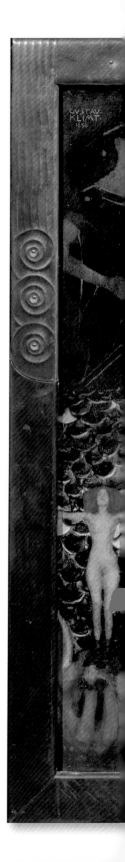

| 신화를 | 말하다 | **아버지의 머리를 쪼개고 태어난 여신**

신화에서 아테나만큼 그리스의 정수를 잘 보여주는
존재도 없다. 그녀는 태생부터 남달랐다. 신들의 왕
제우스와 가장 지혜로운 자로 불리진 티탄 여신 메티
스의 딸이지만 출산이라는 자연스러운 과정을 거칠
수 없었다. 그들이 낳은 자식이 매우 뛰어나 제우스의
자리를 뺏을 것이란 불길한 신탁을 들은 제우스가 아
내를 삼켜버린 까닭이다. 하지만 그 대가는 허무하리
만치 빨리 찾아왔다. 제우스는 곧 극심한 두통에 시달
리다가 대장장이의 신 헤파이토스에게 도끼로 머리
를 쪼개 달라고 부탁한다. 그리고 그 머리에서 아테나
가 태어난다. 창과 방패를 쥔 채 용사의 함성을 지르
면서. 뒤늦은 후회일까, 염려 섞인 찬미일까? 제우스

구스타프 클림트,
〈팔라스 아테나〉,
1898년, 캔버스에 유채,
75×75cm,
오스트리아 빈,
빈 미술관 카를스플라츠.

는 이 야생마 같은 딸에게 늘 다정한 아버지다. 한편 어머니로서의 권위가 허락되지 않은 헤라는 전전긍긍할 따름이다. 거침없는 행동과 아버지를 닮아 천둥과 번개를 다스리는 능력 때문에 아테나는 번번이 인간 역사에 소환된다. 황금 양모를 찾아 나선 아르고호 원정대와 동행했고, 아카이아인 편에서 트로이 전쟁을 생생히 목도했다. 하지만 누가 뭐래도 그녀는 아테네의 여신이자 수호신이다. 지혜의 상징 올리브 나무로 포세이돈의 검은 종마를 물리치고 그리스 수도에 자신의 이름을 붙였기 때문이다. 아테나가 보호를 자처한 영웅은 한둘이 아니고 도덕적으로 늘 바람직했던 것도 아니지만(이아손, 디오메데스, 페르세우스, 오디세우스, 테레마코스), 그럼에도 트로이 왕자 겸 목동인 파리스의 안타까운 선택에 대해서는 말하지 않을 수 없다. 그가 아테나를 버리고 아프로디테의 손을 들어준 탓에 훗날 트로이는 폐허가 되어버렸다. 불같은 아테나가 그런 모욕을 웃어넘길 리 만무했던 것이다.

| 붓질 | 속 | 이야기 |

❶ 알 수 없는 눈빛 | "회색 눈의 아테나"**013**는 헤시오도스의 『신통기』에서 세 번째로 소개된 여신이다. 제우스와 헤라를 제외하곤 아무도 먼저 등장한 이가 없고 아폴론, 아르테미스, 포세이돈보다도 앞섰으니 올림포스 왕국에서의 지위는 설명이 필요 없을 터다. 헤시오도스 뿐 아니라 다른 시인들도 수차례 쓴 수식어를 클림트가 여기서 고스란히 재현했다. 거칠고 지혜로운 전쟁 여신에게 강철같이 차가운 회색 눈을 주어서 그 완강한 성격을 투영했다.

013
『신통기』 13행

❷ 정복당한 괴물 | 클림트는 호메로스 이야기를 되살려 여신의 황금 갑옷 중앙에 메두사 얼굴을 새겨 넣었다. 메두사는 머리카락이 뱀으로 되어 있고 보는 사람을 돌로 만들어버린다는 고르고노스 자매 중 하나다. 페르세우스가 헤르메스의 검과 거울 방패를 재치 있게 활용해서 그 머리를 베어다 아테나에게 선물했고, 그녀는 피로 물든 전리품을 즉시 천하무적 방패 아이기스에 달아 장식으로 삼았다.

❸ 승리의 상징 | 헤시오도스에 따르면 아테나의 오른손에는 "매력적인 발을 가진"[014] 승리의 여신 니케의 조각상이 들려 있다. 니케는 항상 날개를 단 모습으로 나타나며 〈사모트라케의 니케〉가 그 형상을 가장 아름답게 표현한 것으로 유명하다. 하지만 여기서는 호전적이기보다 에로틱한 자세의 나체로 그려졌다. 어쩌면 클림트는 니케와 아테나의 이상적인 결합을 찬미하던 고대 전통을 떠올렸을 것이다. 두 여신이 만나 맺어진 완전한 결실이 전사 팔라스였다고 하는데 그는 훗날 아폴론의 저주에 희생되고 만다.

014
『신통기』 384행

❹ 한 몸이나 다름없는 창 | 아테나는 제우스의 머리에서 나올 때부터 이미 창과 방패로 무장했었다. 따라서 창은 투구나 올리브 나무나 메두사의 머리보다도 이 순결하면서도 무자비한 여신의 속성을 더 확실히 보여주는 도구다. 여기서 창은 위엄과 권위의 상징이다. 특히 왼손에 수직으로 곧게 들린 모습은 자칫 정체되어 보일 수 있는 정면 초상화의 단점을 보완해준다.

❺ 배경 속 고고학적 알리바이 | 배경을 고민하던 클림트는 우리에게 남은 고전 그리스 회화의 유일한 증거품, 화병 그림에서 직접적인 영감을 얻었다. 하지만 고고학적 진실을 더하기보다 오히려 모든 역사적 맥락을 끊어

내는 데 집중했다. 좌측 상단, 제식을 집전하는 제사장의 엄숙함이 작품 아래쪽 승리의 여신의 관능미와 강렬히 대비된다.

| 그림을 | 말하다 | 두려워해 마땅한 신의 위엄

독특하다 못해 무례한 느낌마저 주는 정면 초상화다. 남성스런 얼굴과 여성스런 팔, 빈틈없는 강인함과 농축된 관능미, 범접할 수 없는 차가움과 불타오르는 열정까지. 작품 속 모든 것이 올림포스 시대부터 아웃사이더로 살아온 여신의 재미난 캐릭터를 보여준다. 이 그림이 담은 그녀의 혼란스러운 매력을 제대로 이해하려면 19세기 말 오스트리아 빈의 분위기를 떠올려야 한다. 낭만적인 허영을 벗어던지고 자유분방한 성 문화에 젖어든 시대, 사람들은 온갖 형태의 강한 여성상을 그려냈다. 우리 시대 슈퍼히로인, 원더우먼과 슈퍼걸의 머나먼 원형이랄까?

아테나는 팔라스(완전한 전사)라는 별칭에 걸맞게 몸에는 갑옷, 머리에는 투구, 손에는 창으로 무장하고 우리를 정면 응시한다. 상대할 가치조차 없다는 눈빛이다. 잠잠하지만 위협적이고, 흥분도 허세도 없이, 당연한 승리의 조각상을 우리 앞에 들이민다. 그 뒤로 보이는 어두운 배경에는 기억에조차 사라졌을 아득한 옛날 일들이 그려져 있다. 황금은 작품 이미지를 해치지 않으면서 신성성을 더하는 강력한 도구로 쓰였다. 몸과 갑옷이 하나가 되고, 노란색과 보라색의 대비가 색채미를 끌어올리며 빛은 배경 속 어둠을 끝내 몰아내지 못한다. 결국 매혹과 두려움과 기대가 뒤섞인 잠잠한 슬픔이 전체를 덮고 있다.

다이아나의 목욕

_프랑수아 부셰

| 신화를 | 말하다 | 신은 인간의 고통에 연연하지 않는다

헤시오도스의 『신통기』를 펼치면 왕족인 제우스와 헤라, 아테나, 아폴론이 차례로 등장한다. 그리고 뒤이어 나오는 인물이 로마인들에게 디아나[015]라는 이름으로 숭배받던 순결의 여신, 아르테미스다. 호메로스는 트로이인의 동맹인 아르테미스를 "황금 활"[016]을 든 자신감 넘치는 사냥꾼으로 여러 번 소개했으며, 오비디우스의 『변신 이야기』는 그녀의 타고난 순결함을 노래해 후대 여러 작가들에게 영향을 미쳤다. 그만큼 아르테미스는 고대 판테온의 주요 구성원이자 매력 넘치는 존재였다. 제우스와 티탄족 레토의 딸이며 아폴론의 쌍둥이 누이인 그녀는 대개 엄격하고 도도한 표정으로 그려진다. 남자보다 야생동물을 사랑하며 자기만큼 젊고 금욕적인 인간 여자들이나 님페 무리를 항상 대동한다. 깊숙한

프랑수아 부셰, 〈다이아나의 목욕〉,
1742년, 캔버스에 유채, 57×73cm, 프랑스 파리, 루브르 박물관.

산골짜기보다 인간 세상의 경계에 사는 것을 좋아하지만 도시 생활은 싫어하며 아직 문명에 길들여지지 않은 자연 속에서 추종자들에게 찬미받는 것을 즐긴다. 짧고 가벼운 옷차림에 가녀리고 날렵한 몸매를 자랑하는 디아나는 황홀할 만큼 아름답다. 그러나 절대 함부로 다가가선 안 된다. 복수심 강한 여신의 분노는 무시무시해서 잔인한 심판과 피도 눈물도 없는 처벌이 기다린다. 우연히 그녀의 목욕하는 모습을 목격한 사냥꾼 악타이온이 어떻게 되었던가? 디아나는 즉시 그를 사슴으로 만들어 자기가 데려온 사냥개에게 물려 죽게 만들었다. 레토보다 자식이 많다고 자랑하던 테바이의 왕비 니오베는 또 어떠한가? 무자비한 디아나와 아폴론은 경솔한 니오베의 자녀 중 열둘을 화살로 쏘아 죽이고 단 두 명만 살려주었다. 못 말리는 바람둥이 제우스에게 속아 넘어간 님페 칼리스토의 사연도 만만치 않다. 곰으로 변한 그녀는 자신이 추종하던 여신의 화살에 맞아 쓰러진다. 디아나는 인간사의 고통쯤이야 개의치 않는 참으로 독특한 성격의 여신이다.

015
영어식으로는 다이아나.
작품 제목은 국내에서 가장
잘 알려진 번역을 선택했다.

016
『일리아스』 제16권 182행

| 붓질 | 속 | 이야기 |

❶ 야생의 자연이 주는 두려움 | 18세기 남자들에게 행복이란 푸른 초원이 아니라 주색잡기에 있었다. 장-자크 루소의 전기낭만주의가 도래하기 전까지 자연은 인간의 힘으론 맞설 수 없는 두렵고 비합리적인 사건의 무대였기 때문이다. 이 작품에서도 시야를 벗어난 왼편의 어두운 수풀과 그 뒤로 피어오르는 구름이 불안한

풍경을 연출한다.

❷ **사냥의 상징물** | 18세기 프랑스 미술의 고전은 역시 정물화다. 작품 오

른쪽 하단, 여신의 활에 걸려든 사냥감들이 그 사실을 잘 보여준다. 반대편 구석에 놓인 화살통도 마찬가지다. 전체 그림 중 유일하게 따뜻한 색감(난색)이 사용된 곳이다. 물을 마시거나 고개를 든 사냥개 두 마리까지 더하면 사냥의 여신 디아나의 상징물이 모두 모였다.

❸ **바로크식 장막** | 예술의 진실은 자연의 진실과 다르다는 오랜 진리를 재확인하는 순간이다. 이 깊은 산속에 난데없이 거대한 푸른 옷감이 흘러내린다. 오른쪽 상단으로부터 젊은 여신의 우윳빛 몸 쪽으로 관객의 눈길을 유도한다. 프랑스 계몽주의 시대를 살았던 부셰는 바로크식 기교를 사용하되 과도한 장식은 배제함으로써 당대 다른 학파들과의 차별점을 보여주었다.

❹ **보석으로 꾸민 디아나** | 왕관을 장식한 초승달, 발치에 던져진 화살통과 사냥감, 주위를 두른 숲이 없었다면 도자기 인형 같은 그녀가 콧대 높은 사냥의 여신인 줄 누가 알았을까? 이 작품에서 디아나는 고대 화병 속 그림으로 전해지는 무자비한 모습을 벗고 유혹적인 여신으로 나타나더니 우리를 두렵기보다 설레게 한다.

| 그림을 | 말하다 | **신화 속에서 웅장함 대신 자연스러움을 발견하다**

"원한다고 누구나 부셰가 될 순 없다." 프랑스 혁명·제정기 영웅들을 훌륭히 그려낸 19세기 유럽 회화의 황제, 자크-루이 다비드가 말했다. 그림 솜씨에 관한 한 남부럽지 않은 전문가의 찬사라 할 수 있다. 동시에 사랑보다 큰 기쁨은 없다던 18세기 대표 화가 부셰를 향

한 후대의 부족한 평가에 놓는 일침이기도 하다. 이 작품에서 부셰는 신화라고 하면 으레 떠올리는 웅장함을 걷어냈다. 그럼에도 놀라운 장면이 탄생했다. 여주인의 벗은 몸을 훑는 시녀의 모호한 눈빛이 엉뚱한 상상을 불러일으킬 만하지만 숲의 여신의 전력을 보면 그런 해석은 적절치 않다. 고대 그리스와 로마 문헌에서는 동성애는 여자보다는 남자들끼리의 일이다.

부셰가 여신에게 이처럼 사랑스러운 표정을 부여한 것도 이 작품이 유일하다.[017] 디아나의 원초적인 순결함은 대개 잔인하리만치 차갑게 그려진다. 흰 살결, 얌전하지만 호사스러운 보석들(달과의 밀접한 관계를 연상시키는 황금 초승달과 허벅지에 흘러내리는 진주 목걸이), 도도하면서 자연스러운 포즈는 디아나의 고결함을 잘 보여준다. 더불어 그녀의 나신은 모든 사회적 압력을 무력화시킨다. 개운하게 목욕을 마친 후 젊은 님페가 물기를 닦고 옷을 입혀주려는 상황이니 무엇이 문제될 수 있을까? 무심하지만 부드러운 곡선, 세련되게 정돈한 머리까지, 이 모든 매력은 가식 없는 표정에서 묻어나는 순수함 때문에 한층 돋보인다. 남자들의 무의식적인 욕망을 부추기지만 넘보는 이는 처절하게 응징하는 젊은 디아나는 순결하고도 관능적으로 자연이라는 거울 앞에 그 모습을 드러냈다.

화가는 자연과 여신을 자연스럽게 연결 짓기 위해 다양한 시각적 기법을 동원했다. 자연과 여신을 같은 조명 아래 두는 한편, 장밋빛이 감도는 하얀 살결을 짙푸른 수풀과 대비시켰다. 몸매의 나른한 곡선은 야생 그대로 거칠게 자라난 나무의 굴곡과 조화를 이룬다.

017
부셰는 이외에도 〈사냥하고 돌아온 디아나〉, 〈주피터와 칼리스토〉와 같은 디아나의 모습이 담긴 작품을 남겼다.

아폴론과 피톤

_조지프 말로드 윌리엄 터너

| 신화를 | 말하다 | **태어난 지 나흘 만에 영웅이 된 아폴론**

빛과 예술과 시와 음악과 예언의 신, 아폴론은 올림포스를 통틀어 가장 유명하다 해도 과언이 아니다. 제우스와 레토의 아들로 우여곡절 끝에 델로스에서 출생했다. 질투심에 불타는 헤라가 흉측한 암구렁이를 보내어 레토의 출산을 방해했기 때문이다. 포세이돈의 보호로 조그만 오르티기아 섬(훗날의 델로스 섬)에 몸을 숨긴 레토는 아르테미스를 먼저 낳았고, 아르테미스가 어머니의 출산을 도와 일곱째 달 일곱째 날 드디어 쌍둥이 형제 아폴론이 태어난다. 첫날부터 넥

조지프 말로드 윌리엄 터너, 〈아폴론과 피톤〉,
1811년, 캔버스에 유채, 145.5×237.5cm, 영국 런던, 테이트 갤러리.

타르를 먹고 자란 그는 어려서부터 자신의 진가를 증명한다. 헤파이토스가 만든 활을 들고 태어난 지 나흘 만에 어머니를 괴롭히던 괴물 구렁이를 쏘아 죽인 것이다. 이때부터 활과 화살은 리라, 삼각의자, 월계수와 동급으로 아폴론의 주요 상징이 된다. 거대 구렁이를 물리친 사건은 그의 눈부신 활약 중 단연 최고로 꼽히고 관련된 고대 자료는 이루 헤아릴 수가 없다. 그중에도 가장 상세하고 서정적으로 묘사한 작품은 오비디우스의 『변신 이야기』다.

"활을 든 아폴론은 그때까지만 해도 발이 날랜 사슴과 노루밖에 쏘아본 적이 없었다. 그는 먼저 활로 피톤을 제압한 후 화살집이 모두 빌 때까지 쏘아댔고, 괴물은 온몸에 납빛 상처를 입은 채 피를 토하고 독을 뿜었다. 아폴론은 이 멋진 승리가 흐르는 시간 속에 잊힐 새라 성대한 축제를 선포한다. 축제는 그가 무찌른 뱀의 이름을 따서 '피티아'라 불리었다."018

018
『변신 이야기』 제1권 441행~

문명을 전파하는 영웅의 원형인 아폴론은 이처럼 태양신의 이미지를 띠고 대지 깊숙이 파고든 어두운 세력에 대한 반정립(안티테제)으로 나타난다.

| 붓질 | 속 | 이야기 |

 매혹적인 산세 | 상징주의와 자연주의를 아우르는 배경은 관객의 시선을 어두운 땅에서 밝은 하늘로 끌어올린다. 넓고 푸른 하늘에 장엄한 올림포스가 눈에 띈다. 천상의 향연이 펼쳐지는 곳

이다. 북유럽 화가들이 으레 그렇듯 터너도 높은 산봉우리가 없는 고장에
태어났지만 작품의 완성도를 위해 깊은 산세의 황홀한 매력을 표현하기
로 했다.

❷ **승리자 아폴론** | 놀랍게도 이 작품에선 금빛 후광과 왕관 외에는 소년
의 신성을 표현한 요소가 전혀 없다. 어린 사냥꾼은 신분을 말해주는 그

흔한 상징물 하나 없이 맨몸으로 찾아왔고, 괴물이 자기 화살에 쓰러지는 끔찍한 상황에도 전혀 동요하지 않는다. 왼손에는 활을, 오른손에는 화살을 쥐고 피톤의 마지막 몸부림을 지켜보며 숨통을 끊을 최후의 한 발을 준비한다.

❸ **혐오스러움이 극대화된 피톤** | 괴물이 처참하게 거꾸러질수록 신의 승리가 돋보이게 마련. 화가는 올림포스의 아름다움과 땅의 음침함이 확연히 대비되도록 극단적인 묘사도 불사했다. 어쩌면 그는 오비디우스의 『변신 이야기』 속 한 장면을 떠올렸을 것이다.

"대지의 여신은 너를 잉태하는 벌을 받았다. 이 세상이 알지 못하던 뱀, 땅의 새 거민들이 두려워하는 괴물 피톤이여. 그 몸뚱이가 산줄기를 덮을 만큼 거대하구나."**019**

019
『변신 이야기』 제1권 437행~

| 그림을 | 말하다 | **어둠을 떨치고 승리하는 인간상**

영국 출신 거장은 거대한 괴물에 대항하는 연약한 인간의 승리를 노래하기 위해 신화와 대서사시를 동원했다. 크기에서부터 느껴지는 불균형, 영웅을 두른 빛과 용을 감싼 어둠의 대조, 신의 평온한 침착함과 거대한 뱀의 절망적인 몸부림…… 모든 것에서 어둠과 죽음의 본능을 무찌른 빛과 생명의 힘이 발산된다. 그러나 이 질서정연함을 깨뜨리는 요소가 하나 있으니, 예민한 관객이라면 분명 거슬렸을 것이다. 소름끼치는 괴물은 단말마의 고통에 몸을 뒤틀면서도 꽤 굵직하게 자란 새끼 뱀을 출산 중이다. 아직도 그 태는 음흉한 짐승을 쏟아내고 있다.

묘하게도 그리스 로마 신화에는 거대한 뱀으로 형상화된 악에 맞서는 장면이 매우 광범위하게 나타난다. 아폴론뿐 아니라 게르만 전설 속 영웅 지크프리트와 천사장 미카엘도 유사한 괴물을 물리친다. 여기서는 만약 아폴론이 실오라기 하나 걸치지 않은 알몸으로 시선을 잡아끌지 않았다면 작품의 의미가 퇴색해버렸을 것이다. 성경에서 범죄시되는 나체가 고대 그리스에서는 찬미를 받았고, 남성의 몸은 더할 나위 없었다. 마침 맞게 놓인 아폴론의 화살집만이 말로 표현하기 난처한 그곳을 겨우 가릴 뿐이다. 거친 숲 배경은 피톤이 높은 산에 에워싸인 어둔 골짜기를 누빈다는 전설 속 풍경 그대로다. 아직 젊던 시절, 문헌 고증으로 책잡힐까 염려한 화가의 또 다른 세심함이 엿보인다.

◎ 매몰찬 승리의 신

빛과 예술의 신 아폴론은 언제나 무정한, 엄밀히 말해 비인간적인 모습을 보인다. 「아폴론 찬가」에서 호메로스는 승리한 신과 죽어가는 괴물의 마지막 대화를 상상했다. 아폴론은 자기가 무찌른 뱀을 털끝만치도 가엽게 여기지 않고 죽어가는 몸부림마저 조롱한다.

"처절한 고통 속에 꺼져가는 짐승이 땅에 널브러져 헐떡인다. 짐승은 곧 단말마의 비명을 내지르고 나무 밑에서 격렬히 몸을 비틀다 피범벅이 되어 숨을 거둔다. 그러자 아폴론이 자랑스레 말한다.

— 이제 이곳, 이 대지 위에 썩어 사람들을 살찌워라. 네 삶은 끝났고 더는 인간에게 재앙이 되지 못한다. 여기서 검은 땅이 너를 썩힐 것이다!"[020]

020
호메로스, 「아폴론 찬가」,
『호메로스 찬가』 360행~369행

비너스의 탄생

_산드로 보티첼리

**| 신화를 | 말하다 | 르네상스 휴머니즘의
미학**

헤시오도스의 『신통기』는 베누스(아프로디테)
를 올림포스에 입성한 최초의 신들 중 하나
로 소개하며 그녀의 신비로운 출생담을 자
세히 들려준다. 베누스는 우라노스가 그 아
들 사투르누스(크로노스)에게 거세당할 때 탄
생했다. 잘린 성기를 폰토스 바다에 던지자
하얀 거품이 일며 젊은 여신이 나타났고, 그
녀를 실은 조개껍데기가 키테라 섬을 지나
키프로스 섬에 닿았다. 완벽한 미의 여신이
땅에 오르자 그 섬세한 발이 닿는 곳마다 풀
이 돋았고 주변에는 봄기운이 불었다. 사랑

의 여신은 시대마다 끊임없이 새롭게 그려졌다. 하지만 매번 그 시대의 미적 기준을 깊숙이 반영했다. 그리하여 보티첼리는 줄리아노 데 메디치의 애인이자 피렌체 최고의 미녀로 알려졌으나 스물세 살에 폐렴으로 세상을 떠나버린 시모네타 베스푸치를 우수에 찬 모습으로 그려냄으로써 베누스의 환상을 재현했다. 종교화와 동떨어진 세속적 테마의 작품이기에 가능한 선택이었다. 이외에 보티첼리가 신화를 주제로 삼은 그림은 단 세 점뿐이다. 원죄와 연관 짓지 않고선 여성의 나신을 그릴 수 없던 풍조에 끝을 알린 것이 모든 것을 정화시키는 사랑의 여신 베누스라니, 새삼 놀라운 일이 아닐 수 없다. 화려하고도 눈부신 이 작품이 찬사받는 것은 무엇보다도 정신과 물질의 결합 때문이다. 해안 기슭, 그 뒤로 펼쳐진 바다, 살랑대는 봄바람과 아침 햇살로 형상화된 여러 요소들 속에 '베누스 후마니타스'라 불리는 르네상스 휴머니즘의 미학이 탄생했다.

| 붓질 | 속 | 이야기 |

❶ **카논에 둘러싼 불확실한 추측** | 많은 비평가들은 보티첼리 베누스의 풀리지 않는 아름다움을 가슴과 배꼽, 배꼽과 음부 사이 거리 등 적절한 인체 비례를 통해 설명해왔다. 고대 그리스 조각가인 폴리클레이토스는 이런 인체 비율이 가장 아름다운 지점을 연구해 『카논』이라는 책을 냈으며, 그의 연구가 많은 예술가들에게 참고가 된 것은 사실이다. 하지만 그런 분석은 낭만적이지 못

한 것은 둘째 치고 중요한 사실을 간과한다. 당시엔 이런 인체 비율이 흔하디 흔했으며 그런 비율을 반영한 그림도 많았다. 그러니 그녀의 유별난 매력은 여전히 미스터리다.

❷ 봄의 여신 | 한 여자가 꽃 자수가 흐드러진 호화로운 붉은 망토를 베누스에게 덮어주려 한다. 계절의 여신 중 하나인 봄이다. 보티첼리는 신비로

움이 돋보이도록 그녀를 가볍게 그려냈고 바람에 나부끼는 옷 주름으로 부드러운 느낌을 살렸다.

❸ **청춘의 입김** | 은매화 꽃잎이 흩날리는 하늘에 서풍의 신 파보니우스(제피로스)가 님페이자 꽃의 여신인 플로라(클로리스)를 품에 안고 날아온다. 오월에 식을 올린 매력적인 커플은 한결같은 젊음으로 소생하는 봄의 상징이 되었다.

❹ **비현실성을 강조한 배경** | 우아함과 몽환미는 선의 너울거림 덕분이다. 이렇게 연출된 초자연적 분위기는 산드로 보티첼리의 그림에 흔히 나타나는 특징이다. 기묘하게 정돈된 풍경 때문에 효과가 두드러진다. 현실을 구체적으로 재현하려는 눈속임 기법(일루저니즘)[021]을 철저히 거부하는 배경이 금세 사라져버릴 듯 아련한 신화적 신기루를 제대로 담아냈다.

021
이차원적 평면에 삼차원적인 착각을 불러일으켜 마치 현실을 보는 듯한 시각적 효과를 노리는 수법

| 그림을 | 말하다 | **보티첼리가 선보인 템페라 기법의 절정**

이 작품은 보티첼리가 신화를 테마로 그린 또 다른 명작 〈프리마베라〉의 맞은편에 걸려 서로 대칭 구조를 이룬다. 반짝이는 바닷가에서 봄의 여신은 베누스를 향해 화려한 외투를 펼친다. 무심함이 매력적인 베누스는 머리부터 발끝까지 우아해 마음을 홀리기 충분하다. 나긋한 어깨선, 깊숙이 내려와 모인 적당한 가슴, 길고 생기 있는 손, 몽환적인 눈빛과 흩날리는 머리칼…… 그녀의 나신은 관능적이다. 하지만 동시에 섬세하고 지적이며 도식화된 선을 따른다. 봄바람의 온화한 숨결부터 보드라운 풀잎, 찰랑이는 물결과 파르르 떨리는 새순

까지, 세속적인 자연은 곳곳에서 우리를 정숙하게 유혹한다.

흩날리는 머리채와 넘실대는 물결, 서로 부둥켜안은 채 신비로운 조개껍데기를 밀어주는 신과 여신, 바람에 펄럭이는 옷 주름은 작품 전체에 환상처럼 너울대는 리듬감을 준다. 진동하는 하늘 아래 펼쳐진 바다는 환한 빛에 잠긴 장면을 비추는 무형의 거울 같다. 작품의 비현실적인 아름다움에는 템페라 기법도 한몫했다. 덕분에 보티첼리는 건조에 많은 시간을 잡아먹는 유화의 한계를 벗어날 수 있었다. 거장은 탁월한 기량으로 색을 조합해 더할 나위 없는 입체감을 선사했다. 특히 환상적인 여신의 몸과 봄의 여신의 경쾌한 몸짓을 감싸는 기교 넘치는 옷 주름이 돋보인다.

◎ 모더니티에 대한 오마주

보티첼리가 명예를 회복한 것은 19세기 들어서다. 그전까지 그는 섬세한 선과 순수한 감정 표현이 조악한 교태처럼 보인다는 오명 속에 긴 세월을 보내야 했다. 하지만 오늘날에는 놀랍도록 현대적인 여성미를 표현한 것으로 유명하다. 보티첼리의 베누스는 모든 매력의 경계를 자유자재로 넘나든다. 이 점을 간파한 수많은 분야 중 하나로, 요즘 광고계는 염치 불고 그녀를 마케팅에 끌어들였다. 가리기엔 아까운 우아한 가슴과 가녀린 듯 관능적인 어깨선은 그대로 둔 채, 핫팬츠와 버뮤다팬츠, 청바지를 입히고 심지어 여신의 다리에 스타킹을 신기기도 한다.

페르세포네의 귀환

_프레데릭 레이턴

프레데릭 레이턴,
〈페르세포네의 귀환〉,
1891년경, 캔버스에 유채,
203×152cm,
영국 리즈, 아트 갤러리.

| 신화를 | 말하다 | 계절이 순환하는 사연

페르세포네(로마의 프로세르피나)의 납치를 다룬 멜랑콜릭한 서정시는
종류도 많고 다양하지만 모두 두 가지에 초점을 맞춘다. 모성애의 힘
과 계절의 영속적 순환이다. 이 일화를 가장 섬세하게 다룬 것은 이
번에도 역시 오비디우스의 『변신 이야기』다. 고대 로마 시인은 "제비
꽃과 눈부시게 하얀 백합을 따며 노는"[022] 어린 페르세포네의 화사
한 모습으로 운을 뗀다. 그러나 잠시 방심한 사이, 가련한 소녀는 저
승의 왕 하데스에게 붙잡히고 만다. 첫눈에 사랑에 빠진 하데스는 발
버둥 치며 우는 그녀를 어두운 지하 세계로 끌고 가고, 그 절망적인
외침이 페르세포네의 어머니 데메테르(로마의 케레스) 귀에 닿는다. 하
지만 엎질러진 물. 데메테르는 미친 듯 딸을 찾아 헤매도 만나지 못
하고 그저 딸이 땅 속 시칠리아 섬에 갇혔다는 사실만 확인한다. 수
확의 여신인 그녀가 좌절하자 어떤 것도 자라지 않고 땅은 메말랐다.

022
『변신 이야기』 제5권 392행~

남은 유일한 희망은 하데스의 형제 제우스뿐이다. 잠시 주저하던 신들의 왕은 한 가지 조건을 걸고 페르세포네의 귀환을 허락했다. 저승에서 "아무 음식도 입에 대지 않았어야 한다"[023]라는 것이다. 하지만 어쩌랴. 페르세포네는 하데스의 정원을 거닐다 석류 열매를 몇 알삼키고 말았다. 모든 희망이 물거품이 되려는 그때, 제우스는 최후의 중재안을 내놓는다. 한 해를 정확히 둘로 나누어 "육 개월은 어머니 곁에, 남은 육 개월은 남편 곁에, 페르세포네가 두 세계를 번갈아 오가도록"[024] 명한 것이다. 그리하여 그녀가 돌아오면 아름다운 계절도 돌아오고, 그녀가 저승으로 떠나면 쓸쓸한 가을이 시작된다. 사람들은 이 끊임없는 순환을 계절이라 부르게 되었다.

023
『변신 이야기』 제5권 531행

024
『변신 이야기』 제5권 566행

| 붓질 | 속 | 이야기 |

❶ **환희에 찬 데메테르** | 저승 입구. 데메테르가 사랑하는 딸에게 두 팔을 벌린다. 몸짓과 표정을 비롯해 그녀의 모든 것은 길고도 잔인한 시련 끝에 마침내 행복을 찾았다고 말한다. 화가는 감격에 찬 어머니를 오비디우스가 어떻게 묘사했는지 읽었을 것이다.

"조금 전까지 저승의 신에게조차 슬퍼보였을 그녀의 이마에 태양빛 같은 기쁨이 피어오른다. 자욱한 안개에 덮였다가 당당하고 찬란하게 구름을 뚫고 나오는 햇살 같았다."[025]

025
『변신 이야기』 제5권 569행~

❷ **땅과 하늘의 대립** | 온 세계를 헤매던 끝에 데메테르는 딸을 삼켜버린 대지를 저주하며 하늘의 올림포스 신전을 찾아가 구원을 요청한다. 화가는 이 상반된 행동을 놓치지 않고 담아냈다. 밝고 드넓은 하늘 앞에 깎아

지르는 절벽으로 맞서는 대지는 제우스의 의지도 흔들 만큼 막강한 장벽이다.

❸ **팔을 뻗은 페르세포네** | 두 팔을 활짝 벌린 어머니에게 쭉 손을 뻗는 어린 딸. 기가 막힌 발상이다. 깊은 안도와 함께 어린 티가 그대로 묻어나는 절묘한 장면이다. 금단의 열매에 넘어갈 만큼 순진하고 물정 모르는 어린 소녀를 오비디우스는 이렇게 묘사했다.

"어린 여신은 그 또래다운 순진함으로, 허리가 휘게 열매를 매단 나무에서 석류를 하나 따서는 파리한 껍질에서 알맹이 일곱 알을 떼어 입술로 터트렸다."**026**

026
『변신 이야기』 제5권 535행～

❹ **구렁의 입구** | 구렁 속 어두운 그림자와 축 늘어진 식물이 심연의 나락으로 굴러 떨어지는 입구를 형상화한다. 호메로스 신화의 비관적 세계관에 따르면 누구도 저승의 저주를 피할 수 없다. 저승에서 최고의 영광을 누리는 영웅이라도 햇살이 닿는 땅 위의 가장 비참한 노예보다 불행하다.

| 그림을 | 말하다 | **레이턴과 신비로운 봄의 개막**

페르세포네 신화를 화폭에 담고 싶었던 레이턴은 그녀가 하계에서 빠져나오는 순간을 택했다. 지상의 눈부신 햇살 앞에서 기쁨에 취하고 안도감에 젖은 어린 딸이 사력을 다해 어머니 품으로 몸을 던진다. 이 순간 모녀는 벅찬 환희를 나눈다. 페르세포네 곁에는 조용히 임무를 완수해낸 헤르메스가 보인다. 비록 뒤로 물러서 있지만 날개 달린 모자를 쓴 모습이 영락없는 신들의 전령이다. 오른손에 쥔 날개

가 달리고 뱀 두 마리가 기어 올라가는 월계수(또는 올리브 나무) 막대
도 그의 상징인 카두케우스다. 물론 카두케우스를 돋보이게 그린 것
은 우연이 아니다. 뱀에 물린 자를 살린다는 이 지팡이에는 운명을
조화롭게 하는 기능도 있지 않던가?

한쪽에는 음침하고 어두운 지하 세계가, 다른 한쪽 입구 너머에는 환
하게 빛나는 구름이 펼쳐져 있다. 전경에 보이는 구렁 속에는 밤의
식물이 시들어 고꾸라지고, 밝은 빛이 닿은 바깥에는 만개한 꽃이 태
양을 향해 고개 든다. 봄이 돌아온 것이다. 언제 어디서나 찬양받는
아름다운 계절의 가장 근사한 은유. 이처럼 시대의 경계를 허무는
신비로운 봄은 바로 데메테르다. 그녀의 펄럭이는 장밋빛 드레스는
딸의 노란 옷감과 대조를 이루고 어머니의 모습보다는 놀이 동무를
되찾아 행복해하는 자매 같은 모습이다.

◎ 비극의 숨은 주인공, 키아네

납치 사건 피해자는 페르세포네뿐이 아니다. 그보다 더 불쌍한 희생양
도 있었다. 여신의 놀이 동무였던 님페 키아네는 페르세포네를 지키려
다 그만 하데스의 벌을 받았다. 그 자리에서 연못의 물로 변해버린 것
이다. 그녀는 딸을 찾는 데메테르의 물음에 답하고 싶었지만 **"입도, 혀
도, 소리를 낼만한 아무 수단도"027**가 없었다. 대신 페르세포네가 떨어
뜨린 허리띠를 수면 위로 밀어 올려 데메테르에게 절망적인 소식을 전
했고 마침내 그녀가 딸을 찾아 나서게 만든다.

027
『변신 이야기』 제5권 467행

프로메테우스

귀스타브 모로

귀스타브 모로,
〈프로메테우스〉,
1868년, 캔버스에 유채,
205×122cm,
프랑스 파리,
귀스타브모로 미술관.

| 신화를 | 말하다 | **영웅은 굴하지 않는다**

인간의 은인이며 헤시오도스에 따르면 영리하고 꾀 많은 프로메테우스는 제우스가 자신의 형제인 티탄족과 대격투를 벌일 때 그의 승리를 돕는 조역자로 처음 등장한다. 아테나 여신에게 모든 과학을 전수받은 그는 연약한 인간을 불쌍히 여겨 불을 선사하기로 한다. 『신통기』는 이 유명한 일화를 상세히 풀어 최고의 자료를 남겼다.

"불이 없이는 음식을 익힐 수 없다. 밤이 푸른 망토를 대지 위에 벗어던지면 앞을 밝힐 수도 없다. 추운 겨울 몸을 녹일 수도, 금속을 제련할 수도 없다. 프로메테우스는 곧장 아테나를 찾아가 올림포스에 잠입하게 해 달라고 간청하고 허락을 받아낸다. 신전에 들어서자마자 그는 태양 마차의 횃불을 밝히고 이글이글 타오르는 숯을 한 덩이 빼내 속이 빈 커다란 회향나무에 숨긴다. 이어 횃불을 다시 끄고 아무에게도 들키지 않게 땅으로 도망쳐 내려온다. 물론 이 사실을 깨달은

GUSTAVE MOREAU : 1868 :

PROMETHEVS :

제우스는 자신을 농락해 불을 훔친 프로메테우스와 그가 아끼는 인간들에게 복수를 예고한다."

배신자 프로메테우스는 신들의 왕의 명령으로 빌가빗겨진 채 카우카수스 산 절벽에 묶여서 낮이면 종일 독수리에게 간을 쪼이다가 밤이면 새 간이 돋아나는 잔인한 형벌을 받는다. 그럼에도 그는 물러서지 않았다. 올림포스 최고 통치자 앞에 엎드려 용서를 구하기는커녕 불굴의 의지로 저항한다. 하지만 (여러 자료에 따르면 수천 년에 달했을) 긴 세월이 지난 후, 제우스는 헤라클레스를 보내 독수리를 쏘아 죽이고 티탄족 순교자를 사슬에서 풀어준다.

| 붓질 | 속 | 이야기 |

❶ 무관심한 프로메테우스 | 고통에 무감하고 자신을 쪼는 독수리에게 눈길조차 주지 않는 강인한 성격의 소유자다. 프로메테우스는 "지평선 너머를 꿰뚫는" 예언자와 시인의 자세로 꼿꼿이 앉아 있다. 그 수려한 옆얼굴을 화가는 완벽한 솜씨로 그려냈다. 작품 중앙을 차지하는 생생하고 환한 몸이 하늘과 땅의 어두움과 대비된다.

❷ 적대적인 자연 | 비극의 배경답게 원경에 광활하게 펼쳐진 가파른 바위산은 자연이 원시 인간에게 얼마나 적대적이었는지 상기시킨다. 인간이 무질서하고 혼란스럽고 두려운 자연을 길들이게 된 것은 프로메테우스가 가져다준 신성한 불을 사용하면서부터였다.

❸ 고결한 맹금류가 대머리독수리로 | 창공의 왕이자 제우스의 사자인 고상

GVSTAVE MOREAV : 1868 :

한 동물이 여기서는 썩은 고기로 배불리는 대머리독수리가 되었다. 대머리독수리는 시체만 쪼아 먹는다. 이런 추악한 모습을 통해 작가는 도도하고 기품 있고 자신을 벌하는 신들의 비열함을 비웃는 프로메테우스를 더욱 돋보이게 만들었다.

❹ **학대자의 죽음** │ 전경에 놓인 독수리 시체는 프로메테우스야말로 최후의 승자라고 똑똑히 말한다. 물론 이 주검은 기나긴 형벌의 시간을 짐작케 한다. 하지만 그와 동시에, 프로메테우스는 신이고 그를 쪼는 독수리는 죽을 수밖에 없는 존재여서 헤라클레스가 그를 해방시키러 올 때까지 몇 번이고 다른 새로 대체될 수밖에 없다는 뜻이기도 하다.

| 그림을 | 말하다 | **강인한 구원자의 초상**

이 작품은 우선 종교적 의미에서 시선을 끈다. 고통받는 프로메테우스의 모습이 희생당한 그리스도의 형상과 겹치기 때문이다. 그리스도도 프로메테우스처럼 인간의 유익을 바랐고 그로 인해 비참한 형벌을 당했다. 하지만 두드러지는 차이점은 십자가에서 숨을 거둔 예수와 달리 프로메테우스는 건강미와 활력이 넘쳐난다. 힘차고 균형 잡힌 근육질 몸매는 독수리의 탐욕스런 부리에 옆구리가 쪼여도 거의 흐트러짐이 없다. 허리띠 바로 위 핏자국이 고작이다. 프로메테우스는 반역을 자랑스러워했고 조금도 후회하지 않았다. 오히려 그 발 아래 깃털은 그가 독수리의 죽음과 무관하지 않음을 보여준다. 비록 한 마리가 죽자 즉시 다른 독수리가 나타나 대를 이을지라도 말이다. 그림은 온통 태초 혹은 종말의 분위기를 풍긴다. 색채는 푸르스름하

거나 황갈색을 띠는 것이 전부다. 따뜻한 분위기를 내기에는 역부족이다. 진짜 세상은 저 멀리 다른 곳, 기둥에 매인 프로메테우스의 시선이 닿지 않는 저 지평선 너머에 존재한다. 비평가들은 왼쪽 상단의 푸른 천 조각에 의문을 제기하곤 했다. 아마도 작가는 거인 뒤편의 거친 절벽이 너무 어두워 보여서 그 무게를 덜어줄 손쉬운 방편을 모색한 듯하다. 지식의 불꽃이 타오르는 프로메테우스의 머리는 미래를 향해 온 힘을 집중하는 완벽한 옆모습 덕분에 더욱 돋보인다. 그는 헤라클레스가 다가오는 조짐을 느끼는지도 모른다. 곧 제우스의 명을 받은 헤라클레스가 자신을 구원해줄 것이다. 그리하여 그는 인간에게 베푼 호의를 거두지 않고 끝까지 버텨낼 것이다.

◎ 인간의 모험에 불을 지핀 불

인류가 불을 사용하게 된 것은 선사시대, 멀고도 아득한 태곳적이다. 동물과 삶의 틀을 공유하던 시절, 불을 발견하며 드디어 인간은 구분되기 시작했다. 최근 전문가들은 그 시작점을 기원전 오십만 년부터 백만 년 사이로 보고 있다. 그 머나먼 시절에 과연 인간이 스스로 불 피울 능력이 있었는지, 아니면 폭풍우에 내리친 번개나 화산 폭발로 우연히 손에 넣었는지는 알 길이 없다. 그러나 불이 인간 모험에 지대한 공헌을 했다면 그것은 분명 음식을 익혀 먹을 수 있게 된 덕분이다. 그렇게 소화력이 발전했고 세월의 흐름 속에 자연히 뇌의 크기도 커져서 '호모 에렉투스'가 이 땅에 등장한다.

삼미신

_라파엘

| 신화를 | 말하다 | 삶이 약속하는 그 모든 것

로마인들은 이 젊고 매력적인 세 미녀를 '그라티아이'라고 불렀고 그리스인들은 '카리테스'라고 했다. 꾸밈 없는 유혹과 풍요로움과 창조력의 상징인 세 여신은 주로 제우스와 바다의 요정 에우리노메 사이에서 태어났다고 전해진다. 넘쳐나는 인기만큼이나 그들의 상징물이 무엇인지, 심지어 그들이 누구인지 대해서도 의견이 분분하다. 가령 라파엘의 〈삼미신〉만 해도 세 여인을 둘러싼 추측이 난무해서, 이들이 카리테스가 아니라는 파격적인 해석도 심심치 않다. 혹은 불멸의 정원을 지키는 님페 헤스페리데스라고 하고, 혹은 파리스의 심판 때문에 한데 모인 헤라, 아테나, 아프로디테라고도 한다. 헤시오도스의 『신통기』는 볼이 아름다

라파엘로 산치오(라파엘),
〈삼미신〉,
1505년, 패널에 유채,
17.8×17.6cm,
프랑스 샹티이,
콩데 미술관.

운 세 여신 카리테스에게 각각 이름이 있다고 일러준다. "아글라이아, 에우프로시네, 사랑스러운 탈리아"[029]다. 가장 젊고 아리따운 아글라이아는 아프로디테의 총애를 받는 전령이다. 에우프로시네가 삶의 즐거움을 대변하고 모든 쾌락의 실현을 의미한다면, 탈리아는 풍요로움의 상징이다. 세 여신 모두 삶이 인간에게 줄 수 있는 가장 커다란 행복의 이상형을 보여준다. 그러니 이들이 축제마다 등장하고 춤과 오락, 사랑과 연회 등 모든 즐거운 순간을 주관하는 것도 당연한 일이다. 세 여신은 흔히 실오라기 하나 걸치지 않고 아폴론의 키타라 연주에 맞춰 발을 놀리는 모습으로 그려진다. 이런 점에서 카리테스는 디오니소스 주변을 미친 듯 뛰노는 마이나데스들과 확연히 구분된다.

029
『신통기』 909행

| 붓질 | 속 | 이야기 |

❶ **머리로 이루어진 프리즈** | 라파엘은 고대 건축물 프리즈에서 머리 높이를 똑같이 맞추는 이소케팔리 기법을 그대로 계승했고 거의 음악적으로 변주해냈다. 때론 반대편으로, 때론 평행하게, 세 아가씨의 고갯짓이 감미롭고 나른한 시계추 효과를 내고, 엇갈리거나 한데 모이는 팔 동작이 그 효과를 증폭시킨다.

❷ **종합적인 원근법** | 선배 레오나르도 다빈치처럼 라파엘도 여러 원근법을 종합한 풍경을 그렸다. 초기 이탈리아 르네상스인 콰트로첸토뿐 아니라 초기 플랑드르파의 영향까지도 엿보인다. 거

리가 멀수록 수학적으로 재단한 듯 크기가 작아진다는 점에서 콰트로첸토[030] 시기의 특징과 닮았다면 거리가 멀수록 점점 더 흐릿해지는 효과는 초기 플랑드르파의 특징이다.

030
이탈리아 르네상스 중에서도 15세기에 특징적으로 나타난 시대양식과 그 시대를 칭한다.

❸ **다채롭게 대칭을 이루는 발** │ 프리즈를 이룬 머리에 보조를 맞추듯 발놀림도 재미난 대칭 구조를 띤다. 그러면서도 다채롭다. 세 여신은 저마다 한 발에 체중을 싣고 다른 한 발은 발끝으로만 땅을 디딘다. 느릿한 발레 동작을 이보다 잘 표현할 수 있을까? 은근하지만 확실하게 작품에 생기를 불어넣는 디테일이다.

❹ **식물들** │ 라파엘의 작품에는 거의 항상 식물이 등장한다. 상징성을 띨 때도 많지만 공간에 현실감을 주는 역할도 한다. 진짜 풀처럼 생생한 묘사는 물론, 원근감을 살린 크기 때문이다. 이 작품에서도 저 멀리 보이는 나무는 작고 흐릿하게 풍경 속에 녹아들어 전경의 풀과 같은 크기가 되었다.

│ 그림을 │ 말하다 │ **보티첼리와 고대 예술의 만남**

견습생을 마치고 로마에 입성한 청년 라파엘은 이제껏 피렌체 메디치 궁전의 화려한 서재에서 모조품으로만 만났던 유수한 고대 조각품들을 실물로 영접했다. 그의 예술 지평이 순식간에 확장되었던 시절이다. 그 단적인 증거가 바로 이 작은 그림 〈삼미신〉일 것이다. 〈삼미신〉은 오늘날 런던 내셔널갤러리에 소장 중인 그의 또 다른 작품 〈기사의 꿈〉과 쌍벽을 이루는 걸작이다. 사막을 배경으로 서 있는 젊고 아리따운 세 여신. 시선은 골똘하고 동작은 느릿하고 살결은 밝게 빛난다. 울적하고 나른한 춤의 첫발을 뗄 것 같다. 덧없이 사라져 버릴 비현실적인 분위기다. 얇은 베일과 진주 몇 알 외에는 여신들의 완벽한 형상이 온전히 드러나 있다.

햇살 아래 세 여신은 초연함에 가까운 평온한 행복 속에 불멸의 상징인 헤스페리데스의 사과를 들고 있다. 이들은 르네상스 사람들이 이상적인 여성상에 부여하던 최고선인 사랑과 미와 정숙을 의미한다. 그 뒤에 펼쳐진 풍경은 제각각의 모티프를 한데 아우른다. 초원과 나무, 호수와 언덕, 심지어 이름 모를 건물로 이뤄진 마을도 어렴풋 보이고, 그 위로는 적적한 하늘에 희끄무레한 구름 조각이 흐른다. 엇갈린 몸짓과 독특한 시선 처리, 흐릿한 배경은 다시 한 번 레오나르도 다빈치를 떠올리게 한다. 비록 라파엘은 그와 철저히 거리를 두었고 존경하기는 해도 닮지 않으려 애썼지만 작품 속 초자연적이고 세속적인 감미로움은 분명 통하는 구석이 있다.

◎ 헤스페리데스의 황금 사과

세상의 서쪽 끝, 세 명의 젊은 님페가 다스리고 오직 신들에게만 허락된 헤스페리데스의 정원은 황금 과실을 풍성히 맺는 신비로운 사과나무로 가장 유명하다. 불멸과 풍요를 약속하는 황금 사과는 대지의 여신 가이아가 제우스와 헤라의 결혼식을 맞아 신부에게 보낸 선물이었다. 사랑스러운 헤스페리데스와 머리가 백 개인 용 라돈이 지키고 있음에도 헤라클레스는 이 사과를 여러 개 훔쳐낸다. 그가 성취해낸 전설적인 과업 중 열한 번째 미션이었다.

플로라

_티치아노

티치아노 베셀리오(티치아노),
〈플로라〉,
1515년, 캔버스에 유채,
79.7×63.5cm,
이탈리아 피렌체,
우피치 미술관.

| 신화를 | 말하다 | 로마인들이 가장 사랑한 여신

플로라는 거의 로마 신화의 전유물이라 할 수 있다. 그녀를 그리스의 님페 클로리스와 동일시한 사례는 고대 로마 시인 오비디우스의 작품 『달력』에서뿐이다. 클로리스는 로마에서는 파보니우스로 알려진 거친 비바람과 서풍의 신 제피로스와 결혼하여 봄꽃에 대한 전권을 손에 넣었다. 플로라 하면 유쾌하고 건장한 호메로스의 영웅들이나 바람처럼 가벼운 여신들이 동행한 장면이 흔히 떠오른다. 뒤따르는 행렬과 꽃이 흐드러진 들판 한가운데를 노니는 모습도 숱하게 그려졌다. 젊은 여신 플로라는 농경이 사회를 지배하던 로마제국에서 일 년 내내 숭배와 찬미의 대상이었다. 그러나 봄이 피어날 때면 특히나 열렬한 인기를 누렸다. 꽃의 여신이 아니던가! 게다가 밀도 포도나무도 사람들의 생계를 책임질 결실을 맺기 전에는 모두 꽃부터 피우는 법이다. 대지의 풍요로움을 주관하는 것을 넘어 플로라는 쾌락과 활

력, 젊음과 관능의 이미지다. 가령 호메로스가 그토록 찬미하던 꿀도 플로라가 벌들을 시켜 꽃에서 따 모으고 사람들에게 가져다준 선물이다. 그녀를 위해 로마는 그 이름도 아름다운 플로라리아 축제를 봄마다 열었다. 사람들은 이마에 꽃띠를 두르고 함께 먹고 취하고 떠들었다. 연인들은 스스럼없이 사랑을 나눴고, 광대들은 대담무쌍한 묘기를 펼쳤다. 곳곳에 넘쳐나는 환희를 즐기지 못하는 건 여신에게 제물로 바쳐진 가축뿐이었다. 이러했으니 로마의 판테온에서 플로라가 가장 사랑스러운 얼굴로 남은 것은 그리 놀라운 일이 아닐 것이다.

| 붓질 | 속 | 이야기 |

❶ **특별한 아름다움** | 반듯한 이목구비의 고요한 아름다움을 부인할 사람은 물론 없겠지만 비평가들은 뭔가 더 특별한 매력에 대해 입을 모은다. 초기 르네상스 시대, 예술가들이 법칙처럼 따르던 그리스의 황금 비율 카논이 여기에는 전혀 나타나지 않기 때문이다. 이 16세기적 이상형에서는 오백여 년이 흐른 지금에도 전혀 손색없는 모던함이 묻어난다.

❷ **옷 아래 가려진 육체** | 여신의 특징이라 할 만한 육감적인 관능미는 반쯤 드러낸 왼쪽 어깨 때문일 것이다. 흘러내린 금빛 머리칼과 실크 블라우스 아래로 무심한 듯 자연스러운 육체가 시선을 사로잡고 마음속에 지극히 인간적인 흥분을 일깨운다.

❸ **묘한 손짓** | 가위처럼 벌린 손가락은 무엇을 말하려는 걸까? 순결에 마지막을 고하고 곧 혼례를 치른다는 뜻은 아닐까? 간신히 정숙함을 지킨

그녀의 가슴처럼 정숙함과 풍만함을 오가는 플로라는 현대 관객들에게 행실에 관한 교훈을 남긴다. 과연 이런 가르침을 고대의 그녀의 숭배자들은 상상이나 했을까?

 ❹ 상징적인 꽃 | 젊고 조각 같은 여신의 오른손에 꽃과 나뭇잎 한 줌이 들려 있다. 꽃을 주관하는 자의 상징이다. 하지만 화가는 이 꽃다발을 반쯤 그늘진 곳에 두어 눈에 띄지 않게 했다. 덕분에 관객의 시선은 여신의 육체에서 가장 밝게 빛나는 부위, 뚜렷한 이목구비와 반쯤 드러낸 가슴에서 흔들리지 않는다.

| 그림을 | 말하다 | **티치아노가 꿈꾼 궁극의 미**

16세기 베네치아파 거장 티치아노의 이 놀라운 작품은 후기 르네상스를 통틀어 가장 관능적인 여성 초상화일 것이다. 한 손엔 장밋빛 외투를 쥐고 다른 한 손으로 봄의 여신임을 알리는 소박한 꽃과 나뭇잎 다발을 내보인다. 통속적이지만 기품 있고 섬세하면서도 활기차며 정숙하고도 관능적인 미모의 젊은 여성은 그 자체로 세속적인 사랑의 송가다. 티치아노는 기발하고 과감한 발상으로 여신에게 주름 블라우스를 입혔다. 그 결과 가려진 신기루 속 모든 것이 드러날 것만 같은 상상을 부추긴다.

묘한 매력과 풍만한 몸매를 지닌 이 금발의 미녀는 과연 누구일까? 지난 오백 년간 여기에 관한 수많은 추측이 오갔다. 물론 꽃을 든 그녀는 플로라지만 봄의 여신 뒤에 가려진 모델은 누구였을까? 안달하는 남자의 꽃다발 앞에 무심하게 구는, 밤낮이 다른 유녀였을까? 혹은 자기 모습이 보는 이의 마음에 어떤 감정을 지피는지도 모른 채 흘러내린 앞섶을 미처 추스르지 못한 순진한 새 신부였을까? 놀랍도록 세련된 색조가 관능적인 분위기를 돋운다. 이런 매력이야말로 플로라의 상징이다. 더구나 그녀의 환한 실루엣은 형체가 분간되지 않을 만큼 어두운 배경에 올려져 지나치게 신성해보일 수 있는 위험을 덜어주었다. 기울인 고개, 움직이는 두 팔, 떨리는 가슴과 나긋한 어깨…… 플로라는 판테온 여신을 실물로 본 적 없는 인간들이 그들을 얼마나 이상적으로 그려왔는지 여실히 보여준다.

◎ **클로리스에서 플로라로**

여신은 오비디우스의 『달력』 제5권에서 자신의 그리스 계보와 속성을 밝히고 있다.

"나는 클로리스였습니다. 지금은 플로라라고 부르지요. 내 이름의 그리스 철자가 라틴어 발음 때문에 망가졌습니다. 나는 클로리스였습니다. 신에게 축복받은 이들이 풍요롭게 살아간다는 행복한 들판의 님페였지요. 내가 얼마나 아름다웠는지 말하자니 겸손치 못한 일 같군요. (…) 결혼 지참금 중 하나로 비옥한 정원을 받았는데, 그곳은 산들바람으로 기름지고 맑은 샘으로 촉촉한 땅이었어요. 남편(제피로스)이 꽃을 정원 가득 채우고 말했지요.

– 여신이여. 꽃을 다스릴 권한을 그대에게 주노라."

기간테스의 몰락

_줄리오 로마노

| 신화를 | 말하다 | **거대한 신들의 반란**

오비디우스의『변신 이야기』제1권은 오사 산과 펠리온 산을 쌓아 만든 거대한 사다리로 올림포스 공략에 나선 거인족의 모험을 웅장하게 그려낸다.

"하늘이라고 땅보다 안전한 피난처일 수 없었다. 기간테스는 공격을 감행했고 산 위에 산을 쌓고 또 쌓아 별들까지 길을 냈다고 전해진다. 그러자 신들의 왕이 올림포스를 천둥으로 흔들어 오사 산 위에 쌓인 펠리온 산을 허물어버렸고, 기간테스의 거대한 몸뚱이는 제 손으로 쌓던 산더미 아래 묻히고 말았다. 자식의 피를 삼킨 대지는 이 잔인한 족속의 씨가 마를까 염려하여 아직 열기가 식지 않은 피에 생명을 불어넣었다. 그렇게 인간이 태어났다. 그들은 조상들 못지않게 신

줄리오 로마노, 〈기간테스의 몰락〉,
1532~1535년, 북쪽 벽 프레스코 세부, 이탈리아 만토바, 팔라초 델 테의 거인의 방.

을 경외할 줄 모르는 종족이었다. 그 난폭함과 살육에 목마른 기질은 피로 얼룩진 자신들의 뿌리를 증명한다."031

크로노스에게 기세당한 우라노스의 피와 대지의 여신 가이아가 만나 탄생한 거인족, 기간테스는 가장 아득한 시대를 살았던 존재들이다. 인간의 상반신에 흉측한 뱀 꼬리가 다리를 대신하는 엄청난 괴력의 소유자이기도 하다. 하지만 기간토마키아 사건이 없었다면 그 존재가 잊히고 말았을 것이다. 기간토마키아는 가이아가 자신의 자녀 티탄족을 무찌른 제우스에게 분노해서 일으킨 '기간테스의 싸움'을 뜻한다. 에우리메돈을 앞세운 기간테스들은 오사 산에 펠리온 산을 쌓아보지만 신들의 반격에 무너져 내렸고, 헤라클레스가 나타나 무시무시한 알키오네우스, 다미소스, 에피알테스, 팔라스, 포르피리온을 혼자서 다 해치웠다. 반역자 에우리메돈은 타르타로스에 영구 감금됐고, 아테나가 시칠리아 섬 아래 가둬버린 엔켈라도스는 그 뜨거운 입김이 오늘날까지 에트나 화산을 들썩이게 한다. 이 대학살의 현장에서 유일하게 시적인 대목이 있다면 아리스타이오스가 나비로 변하는 장면이다. 아이 하나라도 건져보려는 가이아의 최후 방책이었다.

031
『변신 이야기』 제1권 151행~

| 붓질 | 속 | 이야기 |

❶ 패배로 으스러진 몸 | 몸을 의지했던 원주가 속절없이 넘어지고, 머리 위로는 기둥머리와 아치가 쏟아진다. 그 힘에 떼밀린 몸은 뒤틀려 탈골된다. 왼쪽 다리는 돌 더미에 묻혀 사라졌다. 필사

의 몸부림으로 치켜든 팔은 어깨가 빠진 것을 짐작케 한다.

❷ 옷 아래 가려진 육체 | 작품 왼쪽 하단, 치명상을 입고 널브러진 두 거
인의 머리가 보인다. 돌이킬 수 없는 참패다. 한 명은 단말마의 고통 속에

두 팔이 뒤틀리고 고개가 꺾였다. 또 한 명은 무너진 건축물에 온몸이 깔렸다. 죽음의 문턱에서 눈빛에는 공포와 억울함만 가득하다.

❸ 자유 낙하하는 돌덩이 | 빛의 효과의 거장 줄리오 로마노는 추락하는 엔타블러처[032] 조각을 완벽하게 재현했다. 그림에서 완전히 분리된 듯한 착시 효과 때문에 관객은 다음 상황을 상상하며 몸을 움찔하고 한걸음 뒤로 물러서게 된다.

❹ 구름 사이로 부는 돌풍 | 전시실 천장 양편의 거센 바람 형상은 이 장면을 한층 더 요란하고 어지럽게 만든다. 올림포스 정상에서 불어오는 돌풍이 어설픈 침략자들의 혼을 쏙 빼놓았다.

032
기둥 위에 수평으로 놓인 상부 구조물을 총칭한다. 서양 고전 건축의 특징적 요소이다.

| 그림을 | 말하다 | 매너리즘으로 각색한 태고의 대재앙

1525년에서 1536년 사이, 당대 명성을 날리던 화가이자 건축가 줄리오 로마노는 만토바 공작 페데리코 곤차가 2세에게 고용되어 팔라초 델 테를 설계하고 내부의 미술까지 책임졌다. 그러나 거인들의 방을 장식한 프레스코는 마치 훗날의 몰락을 결연히 예고하는 것 같았다. 겁에 질린 거구들 위로 건축물이 무너져 내리는 아비규환의 현장. 이 벽화는 당대 이탈리아를 주름잡던 매너리즘의 위세를 실감케 한다. 천장 구름 띠 너머에 그려진 제우스의 보좌는 당시 모든 반란을 무자비하게 진압하던 유럽의 지배자, 신성로마제국 황제 카를 5세를 암시한다. 로마노는 신화를 바탕으로 약간의 재량을 발휘했다. 그래서 여기서는 산이 아니라 건축물이 제우스의 뇌우에 무너져 내린다. 다빈

치의 〈앙기아리 전투〉도, 로마노의 스승이었던 라파엘의 〈보르고의 화재〉도, 미켈란젤로의 〈최후의 심판〉도 대재앙을 이처럼 멋지게 각색해내진 못했었다.

거인들은 비장하고 비극적으로, 때론 기괴하게, 요란한 재앙의 현장을 채운다. 초토화된 고대 신전에 짓눌린 거구가 무섭기보다 처량하다. 태곳적 사건에 고대 신전이 등장한다는 것도 당황스럽지만 로마노는 신들도 두려워했다는 기간테스들의 흉측한 뱀 모양 하반신마저 생략해버렸다.

작품 왼쪽, 대리석 더미에 뒤엉겨 깔린 여섯 명이 눈에 띈다. 그중 제일 위쪽 거인을 보면 원석을 떨어내고 나온 미완의 조각상, 미켈란젤로의 유명한 〈노예〉 연작을 떠올리지 않을 수 없다. 훌륭한 데생 실력과 별개로 색채미도 기가 막힌다. 대비가 선명하고 유채색은 과감하다. 전시실 한가운데 선 관객들은 세상의 시작과 함께했던 혼란의 도가니 속에 흠뻑 빠져든다.

◎ 매너리즘의 독특한 사례

1527년 발생한 로마 약탈로 쇠퇴기에 접어든 르네상스와 16세기 후반 막 피어나던 바로크 미술 사이에서 매너리즘은 세련된 예술 사조의 하나로 자리매김했다. 극적인 빛의 효과, 구불거리는 형태, 복합적인 색조가 그 특징이다. 주관적인 관점을 중시하던 매너리즘 화가들은 목가적인 자연 속의 완벽한 인간을 그리던 고전 시대 이상을 거부하고 삼라만상에 대한 격정적인 관점을 표현했다. 이런 점에서 볼 때, 줄리오 로마노를 비롯한 매너리즘 예술가들이 『변신 이야기』라는 통찰력 있는 텍스트에서 주로 신화적 영감을 끌어왔다는 사실은 깊은 의미를 지닌다.

바카이의 춤

_샤를 글레이르

| 신화를 | 말하다 | **야생을 되찾은 여인의 모습**

바카이는 광란하는 여자들을 뜻하는 그리스어 '마이나데스'로도 불린다. 그들의 이야기는 에우리피데스가 지은 동명의 비극[033]과 오비디우스의 『변신 이야기』를 통해 전해진다. 피비린내 나는 난폭함, 정신 나간 춤사위, 사냥과 노래, 무아지경에 빠져드는 오르기아 의식이 사나운 디오니소스 무녀들의 특징이다. 에우리피데스는 그들의 모임을 이렇게 묘사했다.

"그녀들과 함께 온 산이 바쿠스의 광란에 빠져들었습니다. 야생동물도 날뛰었습니다. 뛰놀지 않고 가만있는 것은 찾아볼 수 없었습니다."[034]

난폭한 야생성으로 말하자면 두 가지 일화를 빼놓을 수 없다. 그리스 신화를 통틀어 가장 비극적인 사연

샤를 글레이르, 〈바카이의 춤〉,
1849년, 캔버스에 유채, 147×243cm, 스위스 로잔, 보자르 주립 미술관.

들이기도 하다. 자신의 어머니 아가우에의 손에 갈가리 찢겨 죽은 펜테우스 이야기와 시인 오르페우스가 처형당한 사연이다. 젊은 펜테우스는 어머니 아가우에를 포함한 마이나데스가 광란의 집회를 연다는 소식을 듣고 그 소굴을 염탐하러 간다. 하지만 이성을 잃고 날뛰던 여인들에게 금세 들통나고 만다. 그 선두에 선 것은 다름 아닌 아가우에였다. 그 후 이어진 끔찍한 상황이 오비디우스의 『변신 이야기』 제3권에 기록되어 있다.

"아가우에는 그를 보더니 괴성을 지르며 머리를 흔들었다. 머리채가 바람에 휘날렸다. 그녀는 피투성이가 된 손으로 아들의 머리를 뽑아서 높이 쳐들고 외쳤다.

— 보아라, 친구들아, 이 승리는 나의 작품이야!"[035]

오르페우스의 죽음을 묘사한 것도 역시 오비디우스다. 음유시인은 디오니소스보다 아폴론을 더 따랐다는 이유로 화를 당했다.

"그러자 마이나데스는 격노해서 사악한 손을 오르페우스에게로 뻗었다. (…) 오르페우스는 두 손을 내밀며 애원했고 자비를 호소했지만 난생처음 그 목소리가 무력하게 느껴졌다. 여사제들의 불경한 손은 그의 숨통을 끊어버렸다!"[036]

글레이르는 마이나데스에게 살해당한 또 다른 인물인 펜테우스의 이야기를 담은 작품, 〈마이나데스에게 쫓기는 펜테우스〉도 그린 바 있다. 그러니 이 작품은 섬뜩한 여인들을 비교적 상냥하게 그려낸 셈이다.

033
마이나데스는 그리스어로, 라틴어로는 바카이다.

034
에우리피데스, 『바카이』 736행~

035
『변신 이야기』 제3권 725행~

036
『변신 이야기』 제11권 23행, 39행~

| 붓질 | 속 | 이야기 |

❶ **여성에 대한 오마주** | 전경에 그려진 나신들은 글레이르가 숱하게 데생

과 크로키를 연습하며 다듬은 솜씨를 역력히 보여준다. 19세기 카논에 따르는 여성미의 전형이다. 관능적인 몸, 선정적인 자세, 흰 살결과 내맡긴 듯한 태도. 그럼에도 아직 쿠르베만큼 과감할 수는 없었기에 신체 일부는 하얀 천으로 살포시 덮어두었다.

❷ **디오니소스 상**│제우스와 세멜레의 아들로 태어난 디오니소스는 로마에서 바쿠스라 불리던 포도나무의 신이다. 인간에게 포도나무를 선사했기에 자연히 포도주와 음주, 황홀경도 알려주었다. 비극과 희극을 동시에 가져다준 셈이다. 그런 그가 제단 기둥 위에 서서 관능적인 추종자들의

춤판을 지켜보는 것은 당연한 일일 것이다.

❸ **티르소스** | 광란에 도취된 무녀가 뒤집이시 치켜든 디르소스는 기다란 갈대나 산수유 꽃대를 닮았다. 덩굴 잎인지 포도나무 잎인지, 뭔가에 휘감긴 지팡이 끝에는 솔방울 같기도 하고 석류 같기도 한 열매가 달렸다. 디오니소스의 상징인 이 지팡이는 그를 숭배하는 환락의 춤에 빠지지 않고 등장한다.

❹ **산악 배경** | 에우리피데스 비극 속 전령은 마이나데스를 알아보는 법을 펜테우스에게 알려준다. 글레이르는 이 장면에서 직접적으로 영감을 받은 듯하다.
"산속 움푹한 곳, 깎아지르는 높은 암벽에 둘리고 시내가 흐르는 그늘진 소나무 숲입니다. 거기서 마이나데스의 손은 즐거운 일에 여념이 없었습니다."**037**

037
『바카이』 1051행~

❺ **연주자들** | 디오니소스적 음악은 리라 연주와 화음을 중시하는 아폴론적 음악의 대척점에 있다. 여기서는 탬버린과 크로탈(작은 구리 심벌즈)이 아울로스의 멜로디에 리듬을 맞춘다. 아울로스는 두 개의 관으로 된 피리인데, 그 연주법이 당대 희극 작가들의 외설적인 상상력을 자극하곤 했다.

| **그림을** | **말하다** | **대립된 선으로 표현한 광란과 역설**

요동치는 하늘 아래 우뚝 솟은 거칠고 어두운 큰 바위산이 전경을 위협한다. 앞에 펼쳐진 장면은 엄격한 구성이 특징적이다. 왼쪽의 마이

나데스 두 명이 이미 원무에서 떨어져 나왔고, 만취한 그들을 부축하는 시종은 성별이 모호하다. 그 뒤쪽의 무녀는 묘한 눈빛으로 제단을 지킨다. 제단 위에는 불그스름한 디오니소스 조각상이 서 있다. 중앙에는 광기 어린 님페 여섯 명이 은밀히 통제되는 무질서 속에 춤을 춘다. 그중 단연 눈에 띄는 것은 제일 앞쪽, 알몸을 활처럼 굽힌 채 춤에 몰두한 무녀다.

오른쪽으로 넘어가면 연주자 세 명이 보인다. 그렇다. 지금 이곳엔 음악이 울려 퍼진다. 타악기에 날카로운 쌍피리 소리가 뒤섞인 격렬한 리듬이다. 이해할 수 없는 난폭함과 광기가 지배하는 이 제식에는 보다시피 여자들뿐이다. 어느 모로 보나 종교예식이자 향락의 축제이며, 신비주의적 제사이자 욕망의 오르기아다. 어쩌면 쭉 뻗은 직선들(디오니소스의 지팡이, 제단 기둥, 향로)과 신체 굴곡의 대조가 이 역설에 대한 답이 될지도 모른다. 님페들을 엮어 춤을 통일시키는 교묘한 손가락 끈 때문에 그 묘한 대립이 더욱 두드러진다.

◎ '제우스의 허벅지에서 나온 자'

바람둥이 제우스는 아름다운 세멜레에게 반했다. 하지만 세멜레는 인간이었기에 제우스는 자신의 본모습이 드러나지 않는 밤에만 그녀를 찾아간다. 이 사실을 눈치챈 헤라는 질투심에 불타 세멜레를 부추기고, 꼬임에 넘어간 불쌍한 여인은 제우스에게 진짜 모습을 보여 달라고 조른다. 결국 제우스가 천둥과 번개에 휩싸인 위용을 드러내자 세멜레는 광채에 불타 죽어버린다. 제우스는 그녀 뱃속에서 아기 디오니소스만 간신히 꺼내 자기 허벅지에 숨겼다. 그래서 디오니소스는 말 그대로 '제우스의 허벅지에서 나온 자'가 되었다. 이 표현은 '대단한 출신인 냥 우쭐대다'라는 뜻의 서양 속담이 되어 오늘날까지 전해진다. 호기심 많은 독자를 위해 밝혀두자면, 이후 디오니소스는 어머니 세멜레를 저승에서 빼내 올림포스 산에 모셨다고 한다.

네메아의 사자를
처치하는 헤라클레스
_프란시스코 데 수르바란

| 신화를 | 말하다 | **올림포스로 가는 험난한 길**

헤라클레스가 수행해낸 놀라운 열두 과업은 그 대단한 명성에도 불구하고 뚜렷한 출처를 찾기 어렵다. 물론 호메로스의 『일리아스』와 『오디세이아』, 헤시오도스의 『신통기』, 그밖에 비교적 덜 유명한 수많은 저자들의 기록도 이 전설적 과업을 언급하고 있다. 화병 그림을 비롯한 도상 자료도 넘쳐난다. 하지만 전해져 내려오는 문헌 중 전체 내용이 드러난 자료는 기독교 시대 초기 익명의 저자가 쓴 그리스 신화집 『비블리오테케』[038]가 유일하다. 헤라클레스는 인간인 알크메네와 제우스 사이에서 태어난 아들로, 그 이름이 '헤라의 영광'을 뜻한다. 그러나 그는 아이러니하게도 질투심 많은 헤라의 저주로 광기에 사로잡혀 아내와 어린 자식들을 모두 죽이고 정신을 차린 후 델포이 신탁을 찾아간다. 그리고 죄를 씻고 싶으면 미케네와 티린스의 왕인 에우리스테우스를 섬기며 그가 시키는 초인적 임무들

을 수행해내라는 명령을 받는다. 그 임무란 아마조네스 여왕의 허리띠를 가져오거나 아우게이아스 왕의 축사를 청소하는 것을 제외하면 모두 짐승을 닮은 괴물을 죽이거나 사로잡는 일이었다. 그중 하나가 바로 불사의 몸을 가진 네메아의 사자다. 에우리스테우스는 사자의 가죽을 원했다. 『비블리오테케』제2권은 이렇게 기록한다.

"네메아에 도착해 사자를 발견한 헤라클레스는 화살을 쏘아 죽이려 했다. 그러나 무엇으로도 사자의 몸에 상처를 입힐 수 없었기에 헤라클레스는 곤봉을 들고 뒤를 쫓았다. 사자가 구멍이 두 개인 굴로 도망치자, 헤라클레스는 한쪽 출구를 막고 다른 출구로 사자를 내몰아 붙잡았다. 그리고 목을 졸라 죽였다. 헤라클레스는 사자를 어깨에 들쳐 메고 미케네로 가져 왔다."039

038
『비블리오테케』는 아테네 학자 아폴로도로스의 작품으로 알려졌지만 1세기경 살았던 익명의 저자가 쓴 것으로 뒤늦게 밝혀졌다.

039
『비블리오테케』제2권 5장 1번

| 붓질 | 속 | 이야기 |

❶ **팽팽히 맞선 머리** | 맞붙은 헤라클레스와 사자의 몸이 멋진 피라미드를 만들었다. 그 꼭대기를 이루는 두 머리는 표정이 읽히지 않는다. 영웅은 덥수룩한 머리칼과 괴물의 목을 조르는 팔에 가려 얼굴이 거의 보이지 않고, 사자는 어떤 짐승인지조차 알아보기 힘들다. 사자 머리는 의도적으로 추하고 흉하게 그려져서 아프리카 초원의 맹수보다는 당시 스페인에 유행했던 민간설화 속 용을 연상시킨다.

❷ 말라붙은 나무 | 무너져 내릴 듯한 바위 아래, 십자가에 달린 시체처럼 바싹 마른 나무가 보인다. 네메아 전역을 황폐하게 한 사자의 만행이 떠오른다. 사자가 죽자 비로소 농부들은 다시 땅을 갈았고 메마른 밭과 갈라진 논을 일굴 수 있었다.

❸ 바닥에 버려진 무기들 | 헤라클레스는 내로라하는 궁수지만 아폴론이 준 화살로도 괴물의 피부를 뚫을 순 없었다. 왼쪽 하단에는 그 화살의 흔적이 보인다. 네메아 숲에서 직접 나무를 깎아 만든 곤봉도 역시 바닥에 내동댕이쳤다. 그림에는 보이지 않지만 아테나가 하사한 보호 망토와 헤파이토스가 지어준 황금 갑옷, 헤르메스가 직접 건넨 칼도 별 소용없었다는 것을 알 수 있다.

| 그림을 | 말하다 | **권력에 영합한 예술**

수르바란은 부엔 레티로 궁전의 알현실을 장식하기 위해 헤라클레스의 과업 중 열 가지를 연작으로 그렸다. 작품 속 영웅이 아무것도 걸치지 않은 까닭은 이것이 그의 첫 싸움이기 때문이다. 앞으로 그가 상징처럼 입고 다닐 사자 가죽은 이 맹수를 처치한 후에야 얻게 된다. 주변에는 황량한 배경이 눈에 띈다. 아무렇게나 쌓인 거친 바위 위로 을씨년스러운 구름이 흐른다. 이곳엔 꽃 한 송이도, 풀 한 포기도 없다. 그저 벼락에 맞아 딱딱하게 굳은 나무 한 그루가 맹수의 굴 앞에 남아 있다. 저 하늘 너머 아득한 곳에서 비쳐오는 빛 한 줄기가 새로운 하루의 여명을 알리고 어둔 밤과 공포의 전횡을 몰아낼 것이다.

17세기 스페인 미술에서 전신 나체화는 매우 드물다. 종교화가 아니라면 더욱 귀하다. 수르바란은 이 기회를 빌려 인체 해부학을 자세히 파고들었고 신체 굴곡에 닿은 섬세한 빛으로 헤라클레스의 근육을 구석구석 표현해냈다. 어두운 색조와 검소한 색채가 지배적인 작품에서 영웅의 몸은 유일하게 밝은 부분이다. 작품 속 비유는 권력의 요구와도 맞아떨어졌다. 괴물을 이긴 헤라클레스가 스페인과 가톨릭교회의 적을 무찌르는 국왕 필리페 4세를 의미한 것이다. 유럽에 번져나가는 개신교를 막기 위해 종교재판소를 설치하던 시대였다. 그리고 괴물의 죽음이 네메아 사람들에게 새 번영의 시대를 열어주었듯, 적들을 처치하고 나면 이베리아 반도에 밝은 미래가 펼쳐지리라는 뜻이었다. 수르바란은 이처럼 확고한 도식화를 통해 인간과 동물, 빛과 어둠, 문명과 야만의 기본적 대립 구도를 강조하기도 했다.

◎ 헤라클레스의 열두 과업

과업의 순서는 자료마다 다르지만 역사학자들은 올림포스 산 제우스 신전의 소간벽에 새겨진 부조 열두 점을 바탕으로 다음과 같이 공식 목록을 정리하고 있다.

- 네메아 사자의 목을 조르다.
- 레르네의 히드라를 죽이다.
- 청동 발의 사슴을 잡다.
- 에리만토스의 멧돼지를 잡다.
- 아우게이아스의 축사를 청소하다.
- 스팀팔로스 호수의 새들을 죽이다.
- 크레타의 황소를 길들이다.
- 디오메데스의 식인 암말을 잡다.
- 아마조네스 여왕의 허리띠를 훔치다.
- 게리온의 소떼를 훔치다.
- 헤스페리데스의 정원에서 황금 사과를 따다.
- 저승의 문지기 케르베로스를 사슬로 묶다.

헤라클레스와 레르네의 히드라

_귀스타브 모로

귀스타브 모로,
〈헤라클레스와 레르네의 히드라〉,
1876년, 캔버스에 유채,
175×154cm,
미국 시카고, 아트 인스티튜트.

| 신화를 | 말하다 | **죽어서도 치명적인 괴물과의 대결**

네메아의 사자가 보기만 해도 오싹하다면 레르네의 히드라는 두말할 필요가 없을 터. 그런 히드라를 처치하는 것이 헤라클레스에게 주어진 두 번째 과업이었다. 이 혐오스러운 괴물은 머리가 여러 개인데, 그중 하나를 자르면 두 개가 새로 솟아났고 제일 꼭대기의 머리는 불사의 능력을 가졌다. 게다가 머리들은 괴물이 잠든 순간에도 역겹고 치명적인 입김을 내뿜었다. 히드라는 흉측하게 생긴 최초의 악신, 티폰과 에키드나 사이에서 태어났다. 레르네 늪지대에 서식하며 인접한 아르고스 일대와 해안에서 닥치는 대로 가축을 잡아먹고 농사를 망쳐놓았다. 그 횡포는 문학과 예술 자료에 셀 수 없이 자주 등장한다. 헤시오도스, 아폴로도로스, 오비디우스, 파우사니아스, 베르길리우스 등 명성 높은 작가들마저 이 끔찍한 전설에 매료되어 기록을 남겼을 정도다.

헤라클레스는 우선 아테나의 조언에 따라 불화살로 히드라를 제압했다. 히드라가 어쩔 수 없이 동굴 밖으로 기어 나오자 이번엔 곤봉으로 때려잡으려 했다. 그러나 그때 히드라의 수호신인 헤라가 바다에서 거대한 게를 보내 헤라클레스의 발을 물게 한다. 게는 곧 헤라클레스에게 밟혀 죽고 말았지만 영웅은 혼자서는 안 되겠다고 느끼고 조카 이올라오스에게 도움을 청한다. 이올라오스는 괴물 머리가 잘린 곳마다 횃불로 지져서 새 머리가 돋지 못하게 했다. 그렇게 헤라클레스는 마지막 남은 불사의 머리까지 다 베어버렸다. 잘린 후에도 여전히 살아서 음산한 헛소리를 내던 불사의 머리는 커다란 바위 밑에 묻혔다. 끝으로 헤라클레스는 죽은 괴물의 배에 화살촉을 찔러 넣어 치유가 불가능한 독화살을 만들었고 에우리스테우스에게 돌아가 임무의 완수를 알린다. 그러나 에우리스테우스는 이올라오스의 도움을 받은 것을 꼬투리 잡아 과업을 인정하지 않았다.

| 붓질 | 속 | 이야기 |

❶ 머리 일곱 달린 괴물 | 히드라의 머리는 출처마다 개수가 다르다. 『변신 이야기』에서 헤라클레스는 그 수를 백 개쯤으로 추정했지만 대개는 다섯 개나 아홉 개로 전한다. 그러나 모로는 일곱이라는 상징성 높은 숫자를 택했고, 가운데 머리는 똑똑하고 치명적이고 죽지 않는다는 고전의 기록과 일치하도록 특별함을 부여했다.

❷ 핏빛 태양 | 작가는 이 장면에 감도는 음산한 빛을 골짜기 사이 불타는 하늘과 핏빛 햇무리로 표현했다. 폭풍전야의 시각적 전조 장치다. 불그스

름한 빛이 징그럽고 구불구불한 괴물의 몸을 집중 조명하여 효과가 한층 고조되었다.

❸ 색다른 헤라클레스 | 이 그림의 헤라클레스는 고전적 전통을 깨뜨리고 호리호리하니 날렵한 청년으로 나타났다. 푸른 띠가 교묘히 성기를 가려 성별도 모호해 보인다. 헤라클레스는 주로 미켈란젤로의 〈다비드〉와 비교 되곤 하지만 모호한 관능미가 돋보이는 이 작품에서는 도나텔로의 〈다비드〉[040]가 생각난다.

040
15세기 르네상스를 대표하는 조각가 도나텔로는 두 개의 다비드 상을 만들었는데 둘 다 소년의 모습이 역력하다.

❹ 전경에 쓰러진 시체 | 잔악한 히드라에게 희생된 청년이 전경에 쓰러져 있다. 얼핏 보면 죽은 게 아니라 잠든 듯하지만 주변에 쌓인 시체는 그의 불행하고 비극적인 운명을 의심할 수 없게 만든다. 이 훌륭한 포즈는 모로 가 존경해 마지않던 예술가, 니콜라 푸생의 나르키소스(290쪽 참고)에서 직 접 영감받은 것이다.

| 그림을 | 말하다 | **암울한 풍경에 숨긴 희망과 응원의 메시지**

모로는 거친 바위산을 배경으로 죽음의 대결 직전의 헤라클레스와 히드라를 그리기로 했다. 훗날 그는 "싸움에 앞서 서로를 응시하는 인간과 괴물보다 더 아름다운 것은 없었다"라는 후기를 남겼다. 영 웅은 무엇으로도 뚫리지 않는 네메아의 사자 가죽을 쓰고 한 손에는 활, 다른 손엔 곤봉을 들었다. 눈앞의 상황에 무심하다 못해 자기와 상관없다는 듯하다. 헛소리를 내는 머리 일곱 개짜리 괴물에도 겁먹 지 않고, 바닥에 널브러진 시체를 봐도 연민의 기색이 없다. 이 묘한

그림에서 가장 특이한 점은 전체적으로 흐릿한 풍경에 비해 편집증에 가깝도록 상세한 몇몇 세부일 것이다. 가령 뱀 머리 일곱 개를 모두 다르게 그려놓았는데, 이 작업을 위해 모로는 프랑스 자연사박물관 동물원의 뱀들을 주의 깊게 관찰했다.

헤라클레스의 모습은 시대상을 그대로 담고 있다. 수르바란의 붓 아래 놓인 헤라클레스가 적을 무찌르는 스페인 국왕을 상징했다면, 이 작품을 그린 모로는 1870년 프랑스-프로이센 전쟁에서 프랑스의 참패하자 깊은 타격을 받아 더욱 암울하지만 희망이 담긴 비유를 그렸다. 흉측하고 야만적인 히드라는 학살을 일삼는 프로이센을 뜻했고, 그에 대항해 비록 약해 보여도 끝내 승리하고 마는 빛의 사자, 헤라클레스는 재기와 복수를 준비하는 프랑스를 표현한 것이다.

◎ 헤라클레스의 회상

오비디우스의 『변신 이야기』 제9권에는 괴물 아켈로오스를 잡는 데 혈안이 된 헤라클레스가 히드라와의 싸움을 회상하는 장면이 나온다.

"뱀을 잡는 것은 내가 요람에 있을 때나 하던 일이다. 아켈로오스, 네가 다른 뱀들보다 뛰어나다지만 에키드나가 낳은 레르네의 히드라에 견주겠느냐? 히드라는 다칠 때마다 새로 번식하고, 백 개나 되는 머리 중 하나를 자르면 더 끔찍한 머리 두 개가 새로 솟았다. 피가 흐르면 독사와 새끼 뱀들이 생겨났고 잘려나가면 새 힘을 얻었지. 그럼에도 나는 히드라를 제압했고 칼로 베어 죽였다. 그런데 너는 겨우 겉모습만 뱀으로 변장해서는, 남의 무기로 네 몸을 지키고 잠깐 빌린 몸으로 무사히 은신하기를 바라느냐?"[041]

041
『변신 이야기』 제9권 67행~

부상당한 아마조네스

_프란츠 폰 슈투크

프란츠 폰 슈투크,
〈부상당한 아마조네스〉,
1905년, 캔버스에 유채,
63×72.5cm,
미국 캠브리지,
하버드대학교.

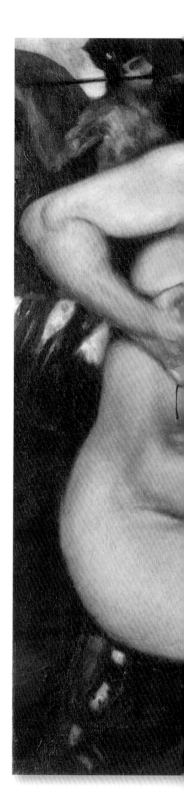

| 신화를 | 말하다 | 그리스인이 혐오한 그 모든 것

그리스 신화 속 인간의 무용담에 여자의 자리는 거의 없다. 남성적
환상이 지배하는 남자들의 독무대. 그 위에서 아마조네스의 존재감
이 더욱 빛난다. 그리스 신화를 방대하게 집대성한 저자 미상의 작
품, 『비블리오테케』의 기록을 보자.

"아마조네스는 테르모돈 강가에 거주하는 타고난 전사들이다. 여자
가 남자의 일까지 수행하고, 어쩌다 남자와 관계를 가져 임신하게
되면 여자아이만 낳아 길렀다. 무기를 쓸 때 방해되는 오른쪽 가슴
은 스스로 절단하며 젖을 먹일 용도로 왼쪽 가슴만 남긴다."[042]

그로부터 몇백 년 전 아리스토텔레스는 아마조네스가 오늘날의 터
키 지역에 살았으며 사내아이를 낳으면 죽이든지 눈이나 팔다리를
망가뜨려 노예로 부렸다고 전했다. 이들은 임신을 위해 일 년에 한
번 이웃의 남자 부족과 자리를 가졌고 그렇게 종족을 유지해나갔다.

말 타기와 활쏘기에 능하고 투구와 방패를 지니고 다니는 저돌적이고 잔인한 여전사들로 어떤 싸움도 두려워하지 않았다. 헤라클레스와 테세우스, 벨레로폰데스와 아킬레스 같은 그리스 신화 최고 영웅들에게도 서슴없이 무기를 겨눴다. 사실 이러한 발상의 이면에는 그리스 문명의 특징이 숨어 있다. 그들은 남성이 집안일을 하고 여성이 지휘권과 전장을 책임지는 모계주의 사회를 경계했는데, 그 경계심은 여성 혐오를 넘어 외국인 혐오이기도 했다. 당시 타문화들은 그리스 문명의 가치와 상반된 모습을 보여주기도 했기 때문이다. 아주 최근 고고학자들이 러시아와 카자흐스탄 국경 지대에서 기원전 7~3세기경, 무기와 함께 매장된 여전사들의 무덤을 발굴해냈다.

042
『비블리오테케』 제2권 5장 9번

| 붓질 | 속 | 이야기 |

❶ 켄타우로스 | 인간의 상체에 말의 하체를 가진 켄타우로스는 사납고 음탕하며 늘 술에 취해 있는 것으로 유명하다. 이들이 저지른 가장 어이없는 돌출 행동은 라피타이 왕 페이리토오스와 결혼하는 히포다메이아를 식장에서 강간하려 한 것이다. 곧 난투가 벌어졌고, 테세우스가 가담해 켄타우로스를 제압하면서 이들은 핀도스 산맥으로 쫓겨나게 되었다.

❷ 풍만한 두 가슴 | 아마조네스를 둘러싼 소문 중에는 오른쪽 가슴을 도려냈다는 이야기가 유명하다. 아마조네스의 단수형인 '아

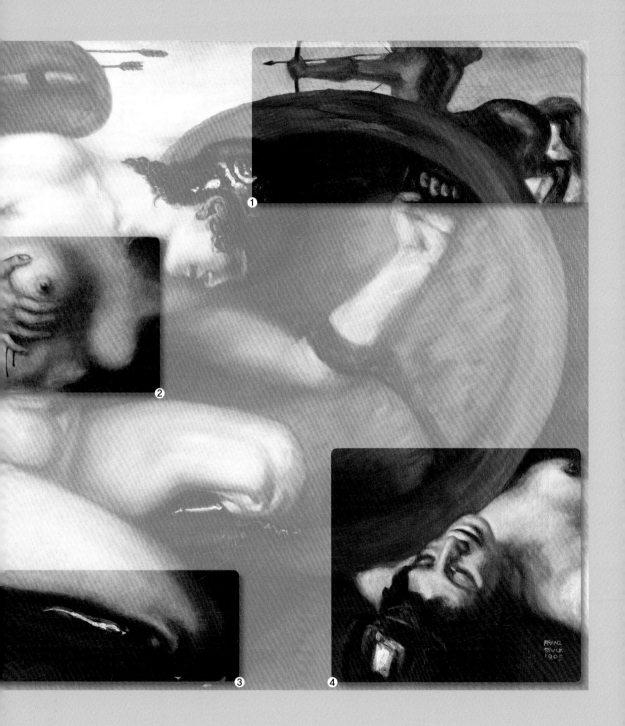

마존(ἀ-μαζός)'이 '젖이 없다'는 뜻을 갖고 있어 생긴 오해일 것이다. 이 그림에서 작가는 부상당한 전사의 두 가슴을 모두 온전하게 표현함으로써 사나운 여전사들의 여성미를 결코 부인한 적 없는 고대 전통을 충실히 되살렸다.

❸ **보호구 혹은 장신구** | 야무진 금속광택으로 보건대 이 정강이받이는 상대의 공격으로부터 발목과 무릎 사이를 보호하는 기능을 한다. 갑옷과 투구는 기본이고, 그 후에 덧대는 보조적인 보호 장치로 부상을 최소화하는 것이 목적이다. 그러나 작가는 표현주의[043]의 대가다운 흔적을 남겼다. 길들여지지 않는 여전사에게 다른 보호구 없이 정강이받이만 입힘으로써 연약하고도 강인한 느낌이 살아났다.

043
20세기 들어 나타난 미술의 전통적 규범을 거부하고 감정과 감각의 전달에 집중한 운동

❹ **곳곳에 도사리는 죽음** | 오른쪽 하단에 쓰러진 여전사의 상반신이 보인다. 작가는 두 아마조네스를 뚜렷이 대비시키기로 작정했다. 부상당한 용사의 뜨겁고 떨리는 육체가 이미 뻣뻣이 굳은 시체의 푸르스름한 몸뚱이와 대비된다. 여기에 더해, 패색이 짙은 전경과 격렬한 전투가 한창인 원경이 대조를 이룬다.

| **그림을** | **말하다** | **숭고한 여전사의 역동적인 순간**

프란츠 폰 슈투크가 남긴 이 작품은 그리 크지 않지만 웅장한 분위기가 난다. 과감하게도 무릎 꿇은 여전사에게 거의 캔버스 전체를 할애했고, 손에 방패까지 들려 사방 모서리만 남겨두었다. 그럼에도 이 기묘한 전투의 주체를 파악하기에는 충분하다. 아마조네스 대 켄타

우로스. 두 종족의 싸움은 그리스 신화에 기록되지 않은, 작가의 상상력이 만들어낸 장면이다.

한마디로 역사적·신화적 사실 따위는 이 그림에서 그리 중요하지 않다. 관객의 관심은 거의 전적으로 피 흘리는 아마조네스에 쏠려 있기 때문이다. 부상당한 아마조네스는 유명 경연 대회에서 폴리클레이토스, 페이디아스, 크레실라스 등 고대 그리스 최고 조각가들의 천재성을 자극하던 모티브이기도 했다. 사진 속 모델을 보며 작업한 폰 슈투크는 피 흘리는 여전사를 그리며 곡선을 이 방향, 저 방향, S자로 자유롭게 구사했고, 섬세하게 모사된 몸이 크고 붉은 방패로 배경과 분리되면서 더욱 역동적인 느낌을 준다. 작가는 당연히 이 작품을 자랑스러워했고 세 가지 버전으로 발표했다. 수천 년 된 신화에 현대성을 입히는 노하우를 잘 알고 있었던 것이다.

◎ 아킬레우스와 펜테실레이아, 사랑, 그리고 죽음

아마조네스에 얽힌 일화 중 가장 유명한 것은 트로이 성벽 아래서 만난 아킬레우스와 펜테실레이아의 사연일 것이다. 베르길리우스의 『아이네이스』에 따르면 트로이군을 도우러 온 펜테실레이아는 **"달 모양 방패를 든 수많은 아마조네스 중 특히 열정적이고 거침없었다. 그녀는 종족의 전투를 지휘했으며 드러낸 젖가슴 아래 황금 칼집을 차고 있었다. 처녀의 몸으로 남자들에게 밀리지 않는 여전사였다."**[044] 그러나 그리스 최고 영웅에게 담대히 맞서다 쓰러지게 되었고 그 죽음의 찰나, 서로 눈이 마주친 순간, 두 사람은 사랑에 빠지고 만다. 손써볼 틈도 없이 펜테실레이아가 죽자 아킬레우스는 당황스러움을 감추지 못했다. 그 곁에 있던 테르시테스는 피지도 못하고 꺾인 사랑을 조롱하다가 아킬레우스의 일격에 죽고 만다.

헤라클레스와 네소스의 튜닉

_프란시스코 데 수르바란

| 신화를 | 말하다 | **불안의 틈으로 파고든 비극**

헤라클레스는 위대한 과업을 완수한 후 에우보이아와 인접한 카이네우스 곶에서 이 땅의 삶을 마친다. 그의 죽음과 올림포스 입성에 관해서는 고대로부터 여러 버전이 전해지만 『비블리오테케』에서 가장 간략히 소개하고 있다. 헤라클레스는 부하 리카스를 아내 데이아네이라에게 보내 제우스에게 제사 지낼 때 입을 제복을 가져오게 한다. 일전에 그는 레르네 늪 히드라의 피가 묻은 화살로 켄타우로스족 네소스를 쏘아죽였다. 따라서 네소스의 피도 독극물과 다름없었지만 네소스에게 속은 데이아네이라는 오히려 그 피가 사랑의 묘약이라 믿고 있었다. 때마침 헤라클레스가 아름다운 이올레를 사랑한다는 소문을 들은 그녀는 네소스의 피를 남편의 제복에 바른다. "영웅은 그 옷을 걸치고 제사를 거행한다. 그러나 옷에 스며 있던 히드라의 피가 열기에 녹으며 헤라클레스의 살갗을 태우기 시작한다.

프란시스코 데 수르바란, 〈헤라클레스와 네소스의 튜닉〉,
1634년경, 캔버스에 유채, 136×167cm, 스페인 마드리드, 프라도 미술관.

분노한 헤라클레스는 리카스의 두 발을 붙들어 바다로 던져버렸고, 옷을 벗으려 했지만 이미 녹아버린 옷이 몸에 눌러 붙어 살점이 뜯겨 나갔다. 이처럼 비참한 신세가 되어 그는 배에 실려 트라키스로 옮겨 졌고, 무슨 일이 발생했는지 알게 된 데이아네이라는 그 자리에서 목을 맨다. 헤라클레스는 맏아들 힐로스에게 성인이 되면 이올레와 결혼하겠다는 약속을 받은 후, 오이타 산에서 장작더미 위에 누워 불을 붙이라고 명한다. 그러나 아무도 따르려하지 않는다. 그 부탁을 들어준 것은 양떼를 찾아 그곳을 지나던 목동 포이아스뿐이었다. 포이아스는 장작에 불을 붙였고, 헤라클레스는 그 답례로 자신의 화살을 선물한다. 장작이 완전히 타버린 후, 구름이 헤라클레스를 태워 천둥과 번개 사이를 가르며 하늘로 데려갔다고 한다. 천상에 오른 영웅은 불사의 몸을 얻었고, 헤라는 오랜 앙금을 풀고 딸 헤베를 그에게 아내로 준다."045

045
『비블리오테케』 제2권 7장 7번

| 붓질 | 속 | 이야기 |

❶ 상징적인 십자가 | 작가는 과감한 단축법을 이용해 헤라클레스의 불타는 오른쪽 다리를 관객 앞으로 쑥 내밀었다. 그 뒤쪽에는 구부린 왼쪽 다리를 십자가처럼 포개어 그리스도의 수난을 떠올리게 한다. 그리스도가 고난을 받은 후 하늘나라에 들어갔듯 헤라클레스도 그 후에야 올림포스 산 정상에 이름을 올린다.

❷ 충실한 동반자, 곤봉 | 전경에 슬프고 허무하게 떨어진 곤봉은 이미 주인을 애도하는 듯하다. 이 무기는 첫 번째 과업 때 네메아의 사자를 잡기

위해 만든 것으로, 그 후 여러 차례 승리의 순간을 함께하더니 장작에 오를 때마저 헤라클레스와 동행한다. 오비디우스는 그 마지막 순간을 다음과 같이 묘사했다.

"곤봉을 베고 누운 그는 차분한 표정이었다. 마치 순수한 포도주가 가득한 잔들 사이에 화관을 쓰고 기대앉은 유쾌한 연회의 참석자 같았다."**046**

046
『변신 이야기』 제9권 235행~

❸ 켄타우로스의 환영 | 도망치는 네소스의 모습이 묘하게 투명하다. 풍경에 녹아드는 흐릿한 신기루 같다. 이 장면은 헤라클레스의 뇌리에 생생히 박혔을 것이다. 허리에 독화살을 맞은 켄타우로스는 잔인한 고통에 몸부림치며 두 팔을 들어 저주하고 있다.

❹ 장작 나무 | 오른쪽 상단에 나무들이 보인다. 헤라클레스는 이것을 베어다 손수 장작더미를 쌓았다. 오비디우스는 『변신 이야기』에서 이렇게 기록하고 있다.

"너, 제우스의 이름난 아들이여. 오이타 산꼭대기를 덮은 나무를 베어와 화장터를 쌓고, 포이아스의 아들에게 활과 화살과 커다란 화살통을 받으라 명하는구나. 그 충직한 벗이 불을 피우자 장작은 곧 탐욕스런 불길에 휩싸이고, 너는 나무 더미에 네메아의 사자 가죽을 깔고 그 위에 몸을 누인다."**047**

047
『변신 이야기』 제9권 229행~

❺ 고통으로 일그러진 표정 | 헤라클레스의 얼굴이 빛에 이글거린다. 고통받는 영웅의 모습은 초기 기독교 순교자들의 초상화를 빼닮았다. 자기 몸을 태우는 불길 따윈 아랑곳 않고 희망과 불안이 뒤섞인 눈으로 하늘을 올려다본다.

| 그림을 | 말하다 | **빛이 그려낸 절정의 고통**

신비주의와 심오한 사상의 스페인 거장, 프란시스코 데 수르바란은 헤라클레스의 수난에 색다른 형이상학적 의미를 부여했다. 아내 데이아네이라를 겁탈하려던 켄타우로스 네소스를 죽인 천하무적의 영

웅이 여기서는 자신이 맞선 가장 흉측한 괴물이자 이미 죽은 레르네의 히드라에게 희생된다. 이 잔인한 아이러니를 들여다보면 이렇다. 네소스를 죽인 화살에는 히드라의 독이 묻어 있었기에 그의 피 또한 독과 같았다. 교활한 네소스는 죽어가며 마지막 복수의 씨앗을 심는다. 헤라클레스의 변심을 두려워했던 데이아네이라에게 자신의 피가 사랑의 묘약과 같다고 말한 것이다. 그녀는 네소스의 피가 묻은 의복을 간직했고, 결국 그 두려움이 실현되는 날이 오고야 말았다. 헤라클레스는 무시무시한 적수들과의 싸움을 매번 승리로 이끌어준 그 무기에 자기 목숨도 잃고 만다.

독이 얼마나 강하고 빠르게 퍼졌던지 헤라클레스의 몸은 제복을 걸치자마자 말 그대로 불이 붙는다. 그림이 보여주듯 불타는 옷은 벗으려 해도 소용이 없다. 녹은 피부가 살에서 떨어져 나가고, 살은 또 뼈에서 떨어져 나가며 불운한 영웅에게 끔찍한 고통만 더한다. 헤라클레스의 발 옆에는 지난날 영광의 상징이던 활과 곤봉이 초라하게 놓여 있을 뿐, 더 이상 도움이 되지 못한다.

이 작품을 회화적 관점에서만 보자면 빛을 처리한 방식이 지극히 이례적이다. 헤라클레스의 몸과 얼굴 곳곳을 밝게 터치해서 실제로 살이 타는 듯한 착각을 불러일으키고, 동시에 옷에서 뻗어나가는 빛이 형벌의 공간을 밝게 비추고 있다.

◎ 욕망당하는 자의 비극, 이올레

에우리토스 왕은 딸 이올레를 헤라클레스에게 주기로 약조했지만 그에게 이미 아내 데이아네이라가 있다는 사실을 알고는 말을 번복한다. 격분한 헤라클레스는 에우리토스뿐 아니라 그 아들과 측근까지 모두 죽이고 강제로 이올레를 차지하려 든다. 그러자 이올레는 그를 피해 허공에 몸을 던졌고, 얇은 드레스가 바람에 부풀어 목숨을 건진다. 헤라클레스는 끝내 자신의 마음을 받아주지 않는 이올레를 데이아네이라 곁에 포로로 잡아두는데, 젊고 예쁜 그녀에게 위기감을 느낀 데이아네이라는 지금이야말로 사랑의 묘약, 네소스의 피를 사용할 때가 왔다고 생각한다. 그렇게 이올레는 이룰 수 없는 사랑의 상징이자 비극적인 운명의 장난감이 되었고, 헤라클레스가 죽은 후에는 더 이상 고대 문헌에 등장하지 않는다.

키클롭스

_오딜롱 르동

오딜롱 르동,
〈키클롭스〉,
1914년경, 패널에 붙인 판지에 유채,
66×52.5cm,
네덜란드 오테를로,
크뢸러-뮐러 미술관.

| 신화를 | 말하다 | **괴물의 숨겨진 얼굴**

키클로페스(영어식으로 키클롭스)는 대지의 어머니 가이아가 직접 낳아 가장 먼저 존재한 창조물에 속한다. 헤시오도스의 『신통기』는 이렇게 밝힌다.

"대지의 여신은 마음이 거만한 키클로페스 형제를 낳았다. 브론테스, 스테로페스, 대담한 아르게스는 유피테르에게 자신의 천둥을 주고 번개를 만들어주었다. 삼형제 모두 다른 신들과 비슷했지만 이마 한복판에 눈이 하나밖에 없었다. 둥그런 눈의 형태를 따서 이들은 키클로페스라고 불리었다."048

한편 키클로페스 중에서 포세이돈과 님페 토오사 사이에서 태어났다는 폴리페모스는 『오디세이아』에서 처음 등장한다. 사람을 잡아먹는 괴물로 묘사되며 오디세우스를 잡아먹으려다 하나뿐인 눈을 찔리고 만다. 하지만 테오크리토스의 『목가』와 오비디우스의 작품에서

048
『신통기』 139행~

는 전혀 다른 모습으로 그려진다. 바다의 님페 갈라테이아의 마음을 얻지 못해 홀로 하소연하는 소심한 사랑꾼이다. 오비디우스가 쓴 폴리페모스의 달뜬 노래를 보자.

"오, 갈라테이아. 그대는 길들여지지 않는 암송아지보다 야생적이고, 늙은 참나무보다 딱딱하오. 파도보다, 손을 빠져나가는 버들가지와 휘청대는 포도나무 가지보다 믿을 수 없고, 이 바위들보다 냉정하고, 급류보다 맹렬하고, 깃털을 자랑하는 공작새보다 도도하고, 불꽃보다 따갑고, 새끼를 밴 어미곰보다 사납고, 가시덤불보다 모질고, 깊은 바다보다 귀머거리이며, 나그네에게 밟힌 뱀보다 잔인하오."⁰⁴⁹

049
『변신 이야기』 제13권 798행~

하지만 야속하게도 갈라테이아는 목동 아키스와 달콤한 사랑에 빠져 있었다. 불운을 한탄하던 폴리페모스는 그만 화를 주체하지 못하고 에트나 산 바위를 뽑아 아키스에게 던진다. 슬픔에 잠긴 갈라테이아는 사랑하는 연인의 피를 강이 되어 흐르게 했고 날마다 잃어버린 사랑의 추억에 잠겼다.

| 붓질 | 속 | 이야기 |

❶ 슬픈 괴물 | 르동은 무섭도록 혐오스러운 폴리페모스를 그대로 묘사하면서도 얼굴 표정에는 감정을 누그러뜨렸다. 보는 이에게 측은함마저 느끼게 한다. 자기 섬의 산자락에 몸을 숨긴 채, 이룰 수 없는 연정의 대상을 소심하게 바라본다. 열렬히 흠모할 뿐, 그 이상은 기대도 하지 않는 듯하다.

❷ 에트나 산의 바위 | 폴리페모스의 괴력에 관해서라면 그리스 용사 아카

이메니데스가 증언한 바 있다. 그는 눈을 다친 괴물이 도망치는 오디세우스의 배에 산을 뽑아 던지는 무시무시한 장면을 『변신 이야기』에서 이렇게 묘사한다.

"키클롭스가 산꼭대기를 잡아 뜯더니 그 어마어마한 산채를 바다 한가운데 던지는 걸 보았소. 장대한 두 팔로 거대한 바윗덩이도 번쩍 들어 던졌다오. 그 바위를 보는 것만으로도, 배를 삼킬 듯한 파도가 일어나는 것만으로도 나는 마치 배에 타고 있는 것처럼 무서워서 하얗게 질려버렸소."**050**

050
『변신 이야기』 제14권 181행~

❸ **골짜기에 잠든 여인** │ 잠이 든 미녀의 어렴풋한 형체를 보건대 르동은 오비디우스의 묘사를 참고한 듯하다.

"오, 갈라테이아. 그대는 아름다운 백합보다 희고, 들판의 꽃들보다 풋풋하고, 오리나무보다 가녀리고, 수정보다 빛나고, (…) 가장 그으한 열매보다 그으하고, 플라타너스보다 고상하고, 얼음보다 투명하고, 잘 익은 포도송이보다 달콤하고, 크림과 백조의 솜털보다 더 부드럽소. 그대가 내게서 도망가지 않는다면 싱그러운 정원보다도 더 아름다울 텐데."**051**

051
『변신 이야기』 제13권 789행~

│ 그림을 │ 말하다 │ **몽환적 색채로 표현한 어긋난 애정의 고통**

환상 속 동물과 요정, 스핑크스, 정령들과 온갖 징그러운 곤충으로 가득한 세계에 빠져 있던 오딜롱 르동에게 미녀와 야수의 이룰 수 없는 사랑 이야기는 매력적인 테마였다. 초현실주의가 싹트기 십 년 전, 이 작품은 르동의 잠재의식 깊숙이 깔려 있던, 앙드레 브르통이 말한 "깨뜨릴 수 없는 밤의 핵심(l'infracassable noyau de nuit)"**052**과도 같은

052
초현실주의 사조를 대표하는 프랑스 시인이자 미술 평론가.

어두운 혼란을 반영했다. 작품의 전체 구도는 엇갈린 두 대각선으로 이뤄져 있다. 사랑에 빠진 괴물이 이편으로 몸을 기울이고, 아름다운 갈라테이아가 저편으로 누워 둘의 어긋난 사랑을 생생하게 보여준다. 주눅 든 키클롭스는 자신의 추함을 어떻게든 다듬어보려 하지만 아리따운 갈라테이아는 그 애타는 사랑에 눈길조차 주지 않는다.

화산 지대 암벽 뒤에 숨은 폴리페모스는 외눈박이 괴물이다(르동이 많은 애착을 보인 모티프이기도 하다). 거대하고 기괴하지만 역겹거나 혐오스럽지 않으며 구슬픈 눈빛은 관음증과는 다르다. 그저 잠자는 미녀를 오롯이 담는 거울이 되어, 닿을 수 없는 사랑에 번민하는 내면의 슬픔이 비칠 뿐이다. 그럼에도 어딘가 위협적인 느낌이 든다면 그건 독특한 색채 때문이다. 르동은 군데군데 불그스름하고 과감한 색을 입혀서 결말을 알 수 없는 몽환적 느낌을 주었다. 당대 유행하던 상징주의의 특징이기도 하다.

053
『변신 이야기』 제13권 757행~

◎ **사랑의 힘**

오비디우스가 남긴 가장 아름다운 성찰 중 하나는 폴리페모스가 자신의 오만불손함과 흉한 외모를 돌아보게 만든 사랑의 힘에 관한 대목이다. 갈라테이아는 거구의 괴물에게 잠깐이나마 연민을 느끼던 시절을 이렇게 회상한다.

"오, 베누스여, 당신의 힘은 참으로 위대합니다! 저 사나운 거인, 마주치면 살아남을 자가 없던 숲속의 괴물, 올림포스와 신들을 우습게 여기던 자가 사랑이란 걸 느끼다니요. 내 아름다움에 반해 애태우고, 자기 동굴과 양떼를 잊었군요. 자신의 추함을 고민하고 호감을 사고 싶어 해요. 갈퀴로 거친 머리털을 빗고, 낫으로 뻣뻣한 수염을 베고, 제 모습을 물에 비춰보며 거친 용모를 다듬네요. 늘 피에 목마르고 살인에 굶주렸던 그 잔인한 거인은 사라지고, 물가에 정박한 배들이 무사히 출항하게 되었군요."**053**

나이아스(네레이스)들의 유희

_아르놀트 뵈클린

| 신화를 | 말하다 | 두렵거나 또는 귀엽거나

모든 신화가 그렇지만 특히 고대 그리스 신화에서는 인간을 두렵게
도 하고 이롭게도 하는 물의 세계가 사람들의 상상력을 자극했다.
그래서 강과 바다는 미녀나 악녀로 넘쳐났다. 물의 딸들 중 사람들
의 기억 속에 가장 친숙한 동시에 무서운 존재는 세이레네스일 것이
다. 새의 몸을 가진 음악가 세이레네스는 호메로스의 『오디세이아』
제7권에 등장해 유명해졌다. 오디세우스가 마녀 키르케의 조언에 따
라 선원들의 귀를 밀랍으로 틀어막고 자기 몸은 돛대에 묶어 세이레
네스의 노래에 유혹당하지 않았다는 사연이다. 그러나 호메로스는
세이레네스를 평범한 여자들로 묘사하는 데 그쳤다. 메시나 해협 입
구에서 자기들이 난파시킨 배의 생존자들과 함께 풀밭에 누워 있었
다고 한다.
한편, 전혀 다른 성격의 온화한 님페들도 있었으니, 바로 물의 왕국

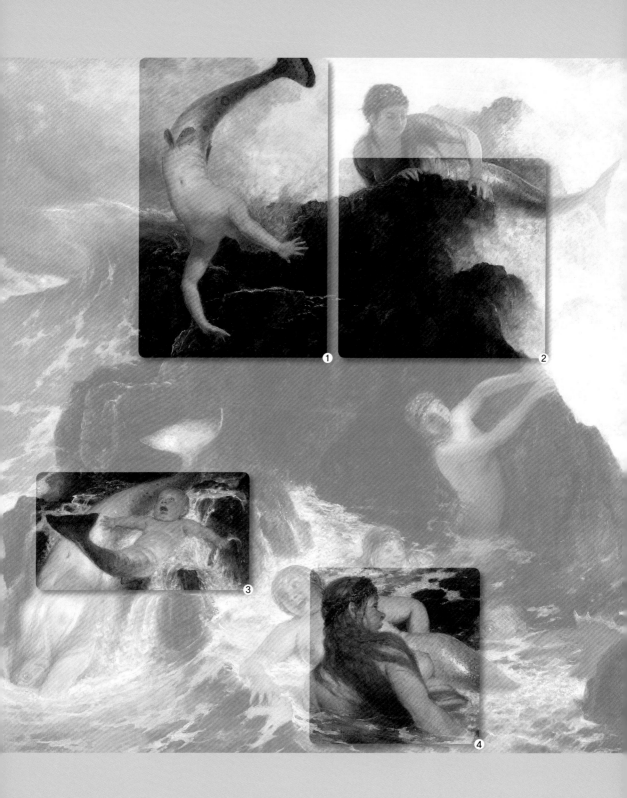

을 노니는 나이아데스, 네레이데스, 오케아니데스다. 뵈클린은 이 작품을 〈나이아스들의 유희〉라고 이름 붙였지만 실제로 그림 속 형상은 호수와 강의 님페 나이아데스가 아니라 지중해와 에게해의 님페 네레이데스다. 오케아니데스는 깊고 어두운 바다에 숨어살기 때문에 좀체 모습을 드러내지 않는다. 헤시오도스의 『신통기』에 따르면 네레이데스는 태초의 바다 신 네레우스와 오케아니스 도리스 사이에서 태어난 딸들이다. 이들은 하염없이 물놀이를 즐기다가 위험에 처한 선원을 발견할 때만 잠시 멈추고 구하러 간다. 그중 가장 유명한 두 명을 우리는 앞서 만나보았다. 테티스는 아들 아킬레우스를 살리고자 제우스에게 매달렸고(20쪽), 암피트리테는 포세이돈과 부부의 연을 맺었다(32쪽).

| 붓질 | 속 | 이야기 |

❶ **과감한 곡예사** | 작품 상단, 공중에 몸을 날린 인어가 눈길을 끈다. 곡예에 대한 당대 예술가들의 지대한 관심이 반영된 부분이다. 이 과감한 동작에서 작가는 역동적인 곡선에 집중해 불필요한 디테일을 생략했다. 얼굴과 가슴을 빠른 스케치로 처리한 것도 같은 이유다.

❷ **죽음의 바위** | 고대인들은 나폴리 서쪽 약 12킬로미터 지점, 쿠마에 만과 포세도니아 만 사이에 위치한 세 개의 봉우리를 '세이레네스의 바위'라 불렀다. 어쩌면 뵈클린도 이 뾰족하고 날선 검

은 암초를 그리면서 전설 속 지명을 떠올렸을 것이다. 선원들을 공포에 떨게 하던 이곳이 파도를 따라 춤추는 님페들에게는 더할 나위 없는 놀이터다.

❸ **님페의 어린 시절** | 어린 님페는 뵈클린의 순수 창작물이다. 고대 자료 어디서도 님페의 어린 시절 이야기는 찾아볼 수 없지만 작가는 자기만의 해석을 가미했다. 이미 어른들 틈에 어울려 노는 천진난만한 아이의 모습에서 인간의 몸과 동물의 몸의 경계가 명확히 구분된다. 아이의 얼굴과 가슴과 양팔은 환한 빛을 받는 반면, 꼬리는 앞으로 내밀었음에도 검은색에 가깝다.

❹ **전경에서 유혹하는 님페** | 신비로운 바다 요정에 대한 환상은 작가마다 다르다. 초기에는 원초적 공포의 대상이다가 고대 이후 문학에서는 에로틱한 이미지로 변신했다. 그 대표 사례인 세이레네스는 괴물에서 사람을 홀리는 요정으로 신분이 바뀌었다. 머리띠로 정돈한 붉은 머리칼, 대리석 같은 어깨, 풍만한 가슴. 전경에 헤엄치는 네레이스도 매혹적인 여성의 관능미를 한껏 과시한다.

| 그림을 | 말하다 | **실제 관찰을 바탕으로 인어를 상상하다**

대표적인 상징주의자였던 뵈클린의 결작을 보면 당대 유행과 관심사가 무엇이었는지 잘 드러난다. 첫째는 여성의 나신을 다양한 포즈로 한 폭에 담아내는 것인데 주로 피라미드 구도를 띠곤 했다. 둘째는 움직이는 순간을 포착해 장면에 역동성을 더하는 것이다. 오랫동

안 많은 작품에 영향을 미친 새로운 시도였다. 이런 관점에서 보자면 포세이돈이 멀찍이 숨어 지켜보고 그 앞에서 멋지게 포물선을 그리며 노는 바위 위 님페들은 19세기에 막을 내린 화풍의 절정이라고 할 수 있다.

우연히도 뵈클린은 전설 속 세이레네스가 살았다는 그 나폴리에서 바다 동식물에 관한 연구를 접하게 된다. 나폴리의 해양생물연구소를 오가며 바다 님페들의 습성과 몸놀림 등을 고민한 것이다. 그 결과 매력적이고 생기 넘치는 인어들이 이 작품뿐 아니라 뵈클린의 여러 그림을 수놓으며 그의 특징으로 자리 잡았다. 활발하고 매력적인 님페들의 신나는 몸짓은 주변의 심상치 않은 풍경마저 잊게 만든다. 짙은 먹구름 아래, 무엇이든 삼킬 듯한 파도와 거친 암초, 아득한 심연…… 인간을 용납지 않는 위협적인 바다가 네레우스의 딸들에게는 유쾌한 놀이터다.

◎ **세이레네스와 고래의 노래**

세이레네스의 노래는 어쩌면 수컷 혹등고래의 노래였을지도 모른다. 인간과 새를 제외하고 지구상에서 다양한 반복음을 낼 줄 아는 동물은 수컷 혹등고래뿐이다. 이들은 혼자 또는 여럿이서 노래를 주고받는다. 그 오묘한 소리의 정체가 처음 밝혀진 것이 불과 수십 년밖에 되지 않았으니, 옛 선원들은 정체 모를 소리에 등골 서늘한 위협을 느꼈을 것이다.

목욕하는 여인,
혹은 샘가에 잠든 님프

_테오도르 샤세리오

| 신화를 | 말하다 | **자연 곳곳에 숨은
사랑스러운 존재들**

그리스 신화를 통틀어 가장 상냥한 얼굴을
가진 존재는 단연 님페들이다. 여신치고 낮
은 지위임에도 헤시오도스의 『신통기』첫
장, 가이아가 세계를 창조한 태초부터 그 존
재가 언급된다.
"대지의 여신은 높은 산들을 창조했다. 그곳
은 깊은 협곡에 사는 님페들의 우아한 은신
처였다."**054**
때론 그 속에 녹아들 정도로 자연과 밀접한
관계를 맺는 님페들은 헤아릴 수 없이 많고
없어서는 안 될 존재다. 신과 영웅들의 유년

테오도르 샤세리오, 〈목욕하는 여인, 혹은 샘가에 잠든 님프〉,
1850년, 캔버스에 유채, 137×210cm, 프랑스 아비뇽, 칼베 미술관.

기 교육을 담당하고 땅과 바다, 산과 들, 숲과 초원, 호수와 강, 동굴과 산봉우리, 어디에나 그들이 있다. 헤시오도스에 따르면 바다의 여신 테티스가 이 아름다운 님페 무리를 낳았다.

054
『신통기』 130행

"님페는 그들이 섬기는 아폴론이나 강의 신들과 함께 지상에서 어린 영웅들을 양육한다. 제우스가 직접 맡긴 임무였다. (…) 그 외에도 수많은 님페들이 있다. 매력적인 발의 오케아니데스만 해도 삼천 명이나 된다. 이들은 곳곳에 흩어져 땅과 깊은 호수에 사는 눈부신 여신 종족이다."055

055
『신통기』 346행〜, 364행〜

주로 함께 모여 춤을 추거나 발랄한 행렬을 이루는 님페들은 혼기에 접어든 젊은 아가씨로 묘사되곤 하지만, 결혼은 자유로운 애정 행각을 즐기는 그녀들의 취향에 전혀 맞지 않는다. 오죽하면 '님포마니아'라는 용어가 생겨났을까. 님페는 목신이나 사티로스와 내밀한 만남을 즐긴다. 젊고 아름다운 외모만큼 마음씨도 곱기로 유명해서 연인들을 보호하고, 환자를 치료하고, 자연을 비옥하게 하며 아폴론, 아르테미스, 데메테르 등 서열 높은 신들에게도 사랑받는 존재다.

| 붓질 | 속 | 이야기 |

❶ 목신의 오후 전주곡 | 초목 뒤에 숨어 있던 목신이 나타나 잠든 님페를 뚫어져라 바라본다. 그녀는 수줍음 따위는 모르는 듯하다. 날은 덥고 태양은 중천에서 내리쬐고 숲은 뜨겁게 달아오른다. 말라르메의 목신이 나른한 잠에 취한 님페에게 바치던 그 유

명한 곡이 귓가에 울려 퍼진다.

"그대를 찬미하오, 처녀들의 분노여.

오, 성스러운 전라의 짐이 주는 미칠 듯한 즐거움이여.

그대는 갈증에 불타는 내 입술을 피하려 미끄러지듯 달아난다.

전율하는 번개처럼."**056**

056
말라르메, 「목신의 오후」

❷ 빛을 머금은 몸 | 감싸 안은 두 팔, 기울인 얼굴, 구부린 다리. 그 위에 음영이 가미되어 완벽한 몸매가 빚어졌다. 하늘에서 내려온 밝은 빛이 몸 위에 찬란히 퍼져나간다. 요성에세나 이올릴 법한 초자연적이고 부드러운 유백색 조명이 신체 곡선을 타고 흘러 구석구석 생기를 돋운다. 작품이 그려진 19세기 중반은 모티프 자체보다 모티프를 부각시킬 빛의 생기를 중시하던 인상주의 화가들(특히 여성 초상화에 있어서는 오귀스트 르누아르)이 서서히 등장을 준비하던 시대다.

❸ 청초함이 가득한 얼굴 | 1850년 살롱을 찾은 관객들 눈에 현대판 잠자는 숲속의 미녀는 전혀 새삼스럽지 않았다. 알리스 오지라는 예명으로 당시 파리 연극계를 주름잡던 쥐스틴 필로이가 작품 속 모델이기 때문이다. 테오필 고티에의 연인이었고 이후 당대의 천재 화가 샤세리오의 품에 안겼던 그녀는 막 서른에 접어들 무렵 이 그림으로 이국적인 청순미를 발산했다. 매력적이고 적절한 무게감을 부여하는 음영이 그렇지 않아도 아름다운 몸매를 한층 돋보이게 하고 그 위로 햇살이 눈부시게 쏟아져 내린다.

| 그림을 | 말하다 | **자연스럽고도 눈부신 님프의 존재감**

전경에 흐르고 있을 샘물 곁에 벨벳처럼 보드랍고 도자기처럼 매끈한 살결의 님페가 평온히 잠들어 있다. 고급 기녀처럼 보이기도 한다. 눈부신 나신은 외설스럽지 않고 오히려 잠자는 모습마저 자연의 일부로 느껴진다. 잠들 무렵엔 분명 몸을 덮어주었을 호사스러운 천이 어느 샘가 옆으로 흘러 오른편 다리에만 슬쩍 걸쳐 있다. 그 뒤로

펼쳐진 숲은 금세라도 누군가 튀어나올 듯 불안하다. 현실보다는 연극 무대에 어울리는 이 풍경은 쿠르베나 코로[057] 식의 객관적 진실과는 거리가 멀다. 관객의 시선을 전경에 무심히 누운 눈부신 나신에 집중시키기 위해서다.

데생을 중시하고 매끈한 화풍을 구사하는 샤세리오는 색채 면에서 분명 들라크루아와 닮은 점이 있다. 1846년 북아프리카 여행 이후 더욱 두드러지는 특징이다. 이 작품에서 보여주었듯 신화를 이국적으로 풀어낸 이젤 그림들을 통해 그는 당대를 대표하는 거장 반열에 올랐다. 그의 붓끝에 잠든 님페는 놀랍도록 청순한 외모와 영롱한 색감을 입고 있다. 환하고 관능적이며 풍만하고 섬세하며 신비롭고도 육감적인 그녀는 이미 상징주의 시대에 접어든 음산한 배경 앞에서 차갑지만 에로틱한, 역설적인 흥분을 일으킨다.

◎ **작가의 시선**

이 작품을 가장 매력적으로 풀이한 사람은 아마도 작가이자 예술비평가인 테오필 고티에일 것이다. 한때 작품 속 모델과 연인 사이였던 그는 1851년 3월 1일 이런 글을 남긴다.

"그녀의 잠든 몸에 미지근한 땀이 배어나고 생기 있는 두 볼은 이슬 맺힌 꽃처럼 빛난다. 발목부터 손목까지 아름답게 흐르는 곡선, 저 가슴 굴곡, 가냘픈 마디마디를 보건대 샤세리오는 그리스 예술의 영원한 테마, 인간의 몸이라는 아름다운 시를 고대 조각가처럼 노래할 줄 아는 화가다."

파르나소스

_라파엘

| 신화를 | 말하다 | 형상화된 영감의 원천

그리스 신화에서 무사이가 차지하는 비중을 가장 잘 보여주는 자료는 헤시오도스의 『신통기』일 것이다. 도입부에서 저자는 아홉 무사이를 연달아 소개한다.

"헬리콘 산의 무사이로부터 노래를 시작하자. 거대한 천상의 산에 살고 있는 무사이는 검은 샘물과 크로노스의 권세 있는 아들을 섬기는 제단 곁에서 경쾌한 발놀림으로 춤을 춘다. (…) 무사이를 찬미하자. 그들은 올림포스 산에서 위대한 제우스의 영혼을 흡족케 하고 화음에 맞춰 과거와 현재와 미래의 일을 노래한다. 지칠 줄 모르는 감미로운 목소리가 그 입에서 흘러나오면 황홀한 화음이 멀리 울려 퍼져, 벼락을 던지는 아버지의 궁전을 미소 짓게 한다. (…) 이런 것이 무사이의 노래다. 그들의 이름은 클레이오, 에우테르페,

탈레이아, 멜포메네, 테르프시코레, 에라토, 폴리힘니아, 우라니아, 칼리오페인데, 그중에도 가장 빼어난 이는 존귀한 왕들과 동행하는 칼리오페다. (…) 무사이는 멀리 활을 쏘는 아폴론과 함께 땅 위에 시인과 음악가들을 낳는다. 그녀들이 아끼는 사람은 복되도다! 그 입술에서 감미로운 말이 흘러나는구나. (…) 평안하소서, 제우스의 딸들이여, 내게도 그대들의 매혹적인 목소리를 주소서."**058**

058
『신통기』 1행~, 36행~, 75행~, 94행~, 104행~

무사이는 제우스와 기억의 여신 므네모시아가 맺은 사랑의 결실이다. 빛의 신 아폴론를 충실히 섬기는 그들은 모든 진리의 근원에서 예술 창작의 이상을 구현한다. 헬리콘 산에 사는 것으로 알려져 있으며, 특히 델포이 성지를 굽어보는 해발 2,460미터의 그리스 중부 고지, 파르나소스 산이 그들의 거처다. 그리스 문명기 내내 숭상받던 무사이는 르네상스 예술가들에게 다시금 찬미받았고, 그 대표주자인 라파엘은 교황이 머무는 바티칸 내부에 이 이방 여신들의 춤을 그려 넣었다.

| 붓질 | 속 | 이야기 |

❶ **리라를 연주하는 아폴론** │ 아폴론 곁에 모인 무사이들은 모두 그의 팔에 들린 리라 다 브라치오를 바라본다. 여기서 연주 중인 리라는 당대 최신 악기로 아홉 명의 무사이처럼 아홉 개의 현으로 그려졌다. 원래는 일곱 개의 현이니 현실이 살짝 왜곡된 부분이다. 더구나 당시 바티칸을 찾는 이들이라면 음색을 익히 알고

있는 악기여서 실제 모습과 금세 비교되곤 했다.

❷ 서사시의 거장 삼인방 | 드넓은 하늘을 향해 우뚝 선 단테, 호메로스, 베르길리우스가 신화 문학의 정점을 찍고 있다. 가운데 서 있는 호메로스는 상상 속 올림포스 산을 멀거니 응시하며 베르길리우스와 단테에게 우월감을 과시한다. 『아이네이스』와 『신곡』의 저자인 나머지 두 사람은 교황권이 자신의 영광과도 결부시키려 했던 이탈리아 르네상스의 선구자다.

❸ 무리에서 한발 물러선 사포 | 천상의 아름다움을 지닌 여성 시인이 홀로 떨어져 있다. 오른손에 쥔 악기는 리라를 길게 늘인 형태로 묵직한 음색을 가진 바르비톤이다. 플루타르코스에 따르면 사포는 현대 음악 이론 못지않게 까다로운 그리스의 대표 옥타브족, 믹솔리디아 선법의 창시자다. 또한 악기의 현을 뜯거나 긁을 때 사용하는 피크도 그녀의 발명품으로 알려져 있다.

| 그림을 | 말하다 | 라파엘의 프레스코에 담긴 예술 찬미

인위적인 장면을 자연스럽게 연출해내는 라파엘의 전매특허 기술이 이 작품에서 정점을 찍는다. 불규칙한 공간 탓에 엄격히 제한되는 화면 구성이지만 작품은 숨 쉬듯 자연스럽다. 대가가 장식한 바티칸 네 개의 방 중 하나인 서명실 북쪽 벽은 아홉 무사이의 거처이자 아폴론의 보좌가 있는 곳인 파르나소스 산봉우리로 다시 태어났다. 그 한가운데, 빛과 예술의 신이 월계관을 쓰고 리라를 연주한다. 발밑으로 카스탈리아 샘이 흐르고, 오른편에는 순백색 드레스를 입은 서사시의

여신 칼리오페가, 왼편에는 하늘색 드레스를 입은 연가의 여신 에라토가 보인다. 칼리오페 뒤의 세 여신, 탈레이아와 클레이오, 에우테르페, 그리고 에라토 뒤의 네 여신, 우라니아, 멜포메네, 테르프시코레, 폴리힘니아까지, 모든 무사이가 한자리에 모였다.

나머지 인물들은 모두 시인이다. 총 열여덟 명으로 그중 단테, 호메로스, 베르길리우스가 첫눈에 들어온다. 그 곁에 스타티우스가 슬며시 얼굴을 보이고, 언덕 위 왼쪽 끝에는 젊은 아이네이아스가 걸터앉았다. 그 아래에 눈빛을 주고받는 한 무리가 보인다. 왼쪽부터 알카이오스, 코리나, 페트라르카, 아나크레온, 그리고 앉아 있는 여인이 사포다. 오른편에 층층이 서 있는 이들로 말할 것 같으면, 제일 앞에서 관객에게 팔을 내민 사람이 호라티우스이고, 그 뒤로 산나차로, 오비디우스, 프로페르티우스, 아리스토텔레스, 티불루스, 보카치오, 테발데오가 줄지어 서 있다. 이 작품에서 (종종 논란이 되곤 하는) 인물들의 정체보다 더 주목해야 할 점은 예술의 힘을 증명해보이는 프레스코를 통일감 있게 그려낸 라파엘의 솜씨다. 그림 속 세상에서 인간은 신들이 아끼는 각별한 말동무다. 빛의 생기와 색조의 광채는 프레스코에 비치는 옅은 자연 채광 덕분이다. 세부 묘사에는 다소 불리하지만 역광을 받는 위치에 자리한 것도 한몫 거든다.

◎ **무사이의 어원과 속성**

무사이 이름의 그리스 어원에는 저마다의 속성이 잘 드러난다.

- 칼리오페(아름다운 목소리를 가진): 서사시의 여신.
- 클레이오(예증): 역사의 여신.
- 에라토(사랑스러운 여인): 서정시의 여신.
- 에우테르페(즐거운 여인): 음악의 여신.
- 멜포메네(노래하는 여인): 비극의 여신.
- 폴리힘니아(다중의 찬가를 부르는): 무언극과 수사학의 여신.
- 테르프시코레(매혹적인 무녀): 가무의 여신.
- 탈레이아(꽃이 피어오르는): 희극의 여신.
- 우라니아(하늘의): 천문의 여신.

여신들의 속성들은 보다 복합적일 때도 있었다. 가령 사랑스러운 에라토는 서정적인 엘레지 합창뿐 아니라 연가와 연애시도 주관했다.

에우로페의 납치

_폼페이 벽화

폼페이 벽화,
〈에우로페의 납치〉,
A.D. 10년경, 프레스코 세부,
이탈리아 폼페이,
이아손의 집.

| 신화를 | 말하다 | 소의 등에 타 바다를 건너다

아폴로도로스의 작품으로 잘못 알려진 『비블리오테케』 제3권을 펼치면 페니키아 공주이자 아게노르의 딸인 에우로페가 신들의 왕과 만난 일화가 나온다.

"제우스는 에우로페를 보고 사랑에 빠졌다. 온순한 소로 변신해서 그녀를 등에 태웠고 바다 건너 크레타 섬으로 가 사랑을 나눴다. (…) 딸이 실종되자 아게노르는 아들들을 보내어 누이를 찾기 전에는 돌아오지 말라고 명했다. 하지만 아무리 뒤져도 에우로페를 찾을 수 없었다."059

한편 오비디우스의 『변신 이야기』는 에우로페가 힘세고 멋진 소를 보고 마음에 들어 그 뿔을 꽃으로 장식하고 등에 올라탔다고 전한다.

"그러자 제우스는 땅과 마른 해안을 지나 발을 물에 담갔고 곧 몸까지 담갔다. 그렇게 계속 헤엄쳐서 먹잇감을 바다 한가운데로 가져갔

059
『비블리오테케』 제3권 1장 1번

146

다. 에우로페는 두려움에 떨뿐 저항하지 못했고, 고개를 돌려 멀어지는 해안만 바라보았다. 오른손은 쇠뿔을, 왼손은 등을 붙잡았다. 펄럭이는 치마가 미풍에 나부꼈다."**060**

제우스가 하얀 소로 변신한 것은 헤라의 감시를 따돌리기 위해서였다. 노리던 먹잇감이 등에 오르자마자 그는 냅다 바다로 뛰어들었고, 나팔을 불어대는 물의 여신에 둘러싸여 크레타 섬까지 헤엄쳐갔다. 신화에 따르면 제우스와 에우로페 사이에서 세 아들, 미노스, 사르페돈, 라다만티스가 태어났다. 타고난 난봉꾼답게 제우스의 사랑은 곧 시들해졌고, 에우로페는 크레타 왕 아스테리오스와 결혼해서 크레테라는 딸을 낳았으며, 아스테리오스는 에우로페의 세 아들을 입양해 미노스를 후계자로 삼았다. 이 기묘한 사건을 하늘에 영영히 새겨 기념하는 별자리가 바로 황소자리다.

060
『변신 이야기』 제2권 870행~

| 붓질 | 속 | 이야기 |

❶ **소에 올라탄 에우로페** | 언덕 위 나무에서 기둥을 따라 시선을 옮기면 일직선상에 소의 목덜미가 보인다. 75도쯤 몸을 튼 황소가 힘차고 당당하고 조각처럼 잘생겼다. 그 등에 걸터앉은 에우로페도 몸을 75도 옆으로 돌렸다. 균형을 잡기 위해 왼손은 소의 머리를 붙들었고, 오른손에 쥔 히마티온 숄은 앳된 가슴을 그대로 보여주며 다리만 덮고 있다. 장신구는 목걸이 하나뿐이지만 단단한 보석 장식 덕분에 에우로페의 부드럽고 환한 몸이 돋보인다.

❷ **저돌적인 여인** | 참으로 묘한 포즈다. 어찌나 급작스럽게 소를 만졌는지

어깨의 적갈색 페플로스가 흘러내렸다. 밝은색 히마티온도 허리춤에 떨어졌다. 그런데 정작 소와 얼굴을 마주하니 표정이 굳어버린다. 눈빛에서 심상치 않은 정체를 느낀 것일까? 돌 위에 오른발을 올린 자세가 역동적이다. 한편 열정이 앞선 궁정 여인의 뒤늦은 어정쩡한 자세는 혼란스러운 머릿속을 보여주는 듯하다.

❸ **묘한 배경** | 이 프레스코를 보면 절로 떠오르는 질문이 있다. 신화 속 배경인 꽃과 풀이 무성한 해안과 넘실대는 파도는 어디 있는 걸까? 그림에는 평평한 땅과 단색 바위, 기둥 하나와 나무 몇 그루가 전부다. 작가는 부수적인 장식을 모두 걷어내고 신화의 초점을 종교 의례에 맞추려 한 것 같다.

| 그림을 | 말하다 | **드라마가 제거된 고요한 벽화**

자연 풍경보다는 연극 무대에 가까운 배경이다. 전경에서 에우로페가 탄 황소의 주둥이를 쓰다듬는 여자를 제외하면 모든 인물이 신기하리만치 초연하고 무심한 인상이다. 황소는 묵직한 풍채에도 전혀 위협적이지 않다. 경계심을 부추기지도 않는다. 그저 순하고 조용하게 존재감만 과시한다.

왼쪽에는 에우로페와 동행한 세 여자가 보인다. 실루엣이 조화롭고 옷의 색감이 고급스럽다. 동무들의 덤덤한 시선 앞에 첫 번째 여인이 과감히 손을 들어 소를 어루만진다. 충동을 참지 못하겠다는 기세다. 두 번째 여자는 흰색 테두리의 푸른 튜닉을 입고 관객을 향해 서 있지만 눈빛에서 아무것도 읽을 수 없다. 세 번째 여자는 키톤이라 불리는 허리를 조인 그리스풍 기다란 튜닉을 입고 그 위에 노란 망토를 둘렀다. 그녀 옆으로 문이 하나 보이고, 문간에 놓인 물병은 근처에 신성한 샘물이 있음을 짐작케 한다.

배경은 단순하기 그지없다. 풍경이라 해보았자 메마르고 가시 돋친 초목이 듬성듬성 바위산을 장식한 것이 전부다. 제단으로 쓰일 만한 작은 숲이 보이고, 그 아래 놓인 기둥이 배경을 세로로 분할한다. 전체적인 인상은 혼란스럽다. 마치 고요한 악몽처럼, 젊은 여성의 납치 사건이 주어야 할 폭력성이 완전히 제거되었고 극적인 긴장감 대신 묘한 무기력과 무관심이 감돈다.

◎ 폼페이의 네 가지 양식

폼페이 미술을 연구한 역사가들은 그 화풍을 네 가지로 명확히 구분한다. 초기 스타일은 기원전 2세기경 헬레니즘 예술에서 직접 파생되어 대리석 장식이 돋보인다. 기원전 100년에 등장한 두 번째 화풍은 주로 건물의 착시효과를 이용한 그림들로 '건축적' 특징을 지닌다. 여기에 대한 반발로 기원후 20년경부터 새로운 양식이 유행한다. 신화나 전원시의 단순한 아름다움을 회복한 '장식적' 미술이었다. 두 번째와 세 번째 화풍을 종합한 것이 마지막 네 번째 화풍이다. 건축적 착시효과를 되살리되 신화를 자연주의와 결합했고, 일상 풍경과 정물화, 초상화가 많이 그려졌다.

주피터와 이오

_코레지오

안토니오 알레그리(코레지오),
〈주피터와 이오〉,
1531년, 캔버스에 유채,
162×73.5cm,
오스트리아 빈,
빈 미술사 박물관.

| 신화를 | 말하다 | 아름다운 이오가 이집트에 간 사연

젊고 아름다운 이오는 헤라를 모시는 여사제이자 강의 신 이나코스
의 머나먼 후손이다.『변신 이야기』에서 제우스는 그녀를 향한 열렬
한 사랑을 고백했다.

"오, 님페여. 제우스에게 사랑받을 만한 님페여, 그대의 침실에 함께
눕는 자는 죽어도 여한이 없겠소. 이 숲속의 짙은 녹음을 찾아오라.
(그러면서 그는 숲을 가리킨다.) 중천에서 내리쬐는 따가운 볕을 피해 쉼터
를 찾아오라. 사나운 짐승들의 은신처에 홀로 들어오기 두렵다면 너
를 보호할 신이 안내자가 되어 주리라. 그는 보잘 것 없는 신이 아니
니, 강한 손으로 천상의 홀을 쥐고 세상 곳곳에 벼락을 던지는 자니
라. 멈추어라, 도망가지 말거라!"**061**

신들의 왕이 던진 추파는 열렬하고 명료했다. 하지만 헤라의 질투를
피해야 했다. 고약한 바람둥이 제우스는 여기에 관해서라면 도가 터

061
『변신 이야기』제1권 589행~

서, 소기의 목적을 이루기 위해 백조, 금비, 황소, 독수리, 물불 가리지 않고 변신하더니 이번에는 형체도 모호한 거대 구름 속에 몸을 숨겼다. 하지만 잔꾀는 곧 늘통나고 민다. 호락호락 당할 헤라가 아니었던 것이다. 다급해진 제우스는 아름다운 이오를 하얀 암송아지로 바꿔버렸다. 자기도 같이 소로 변하면 그녀를 가질 수 있다는 심산이었다. 기가 찬 헤라는 눈이 백 개나 되는 거인 아르고스에게 암송아지로 변한 이오를 감시하게 한다. 하지만 만만찮은 제우스가 헤르메스를 보내 아르고스를 죽이고, 이에 헤라가 다시 거센 쇠파리를 보내는 바람에 이오는 미칠 지경에 이른다. 신의 바람기의 희생양이 된 이오는 이 바다 저 바다를 헤엄쳐 도망치다가 이집트 강가에 다다라서야 비로소 사람의 모습을 되찾는다.

| 붓질 | 속 | 이야기 |

❶ **화가들의 도전 과제, 구름** | 코레지오 시대 화가들에게 구름의 묘사는 비나 번개와 함께 최고 난제로 꼽혔다. 코레지오는 밝으면서도 어둡고, 변화무쌍하지만 고요하고, 흩어지는 듯해도 한결같은 구름의 속성을 연구하는 데에 말년을 바쳤다. 그리고 이 작품에서 그 멜랑콜리한 움직임을 완벽하게 표현해냈다.

❷ **신비로운 에로티시즘, 황홀경** | 파르르 떨리는 다리, 벌어진 두 팔, 균형을 잃고 기울어진 몸은 여인이 느끼는 강렬한 환희를 보여준다. 완전한 도취의 순간이다. 어쩌면 뒤로 젖혀진 고개와 반쯤 감긴 눈, 벌어진 입술이 이미 모든 걸 말했는지 모른다. 이 신비로운 에로티시즘은 신과 영혼

155

사이에 이뤄지는 부드러운 애무와 환희를 묘사한 베르니니의 걸작 조소 〈성 테레사의 황홀경〉을 연상시킨다.

❸ **구름 속에 나누는 사랑** | 얼핏 보면 거대한 구름의 형체가 모호하다. 자세히 들여다보아야 한다. 그럼 소용돌이 뒤로 열렬히 덤벼드는 젊은 남자의 얼굴과 어깨와 손이 보인다. 몸이 달을 만도 하다. 젊고 아름다운 여인이 거부하는 대신 저도 제 욕망에 빠져들고 있으니 말이다. 이 그림은 거칠고 외설적인 행위가 아니라 사랑에 불타는 연인이 격정적으로 하나가 되는 순간을 담고 있다.

❹ **가려진 풍요로움** | 어두운 조명이 은밀한 눈빛들로부터 사랑의 현장을 덮어주는 가운데, 오른쪽 하단에 어렴풋이 암포라[062]가 보인다. 근처에 샘이 있음을 알려주는 상징물이다. 관객은 이오의 아버지인 이나코스 강의 신을 떠올린다. 주변에는 역시 흐릿한 형체의 과일과 이파리들이 보인다. 땅이 무언가를 길러낼 만큼 비옥하다는 증거다. 사랑의 욕망이야말로 죽음을 물리치는 모든 힘의 근원이며 생명을 탄생시키는 풍요로움을 갖고 있다는 은유다.

062
고대 그리스에서 주로 포도주나 물을 저장하는 도기

| **그림을** | **말하다** | **구름의 연구자 코레지오**

작품을 이해하려면 이 파란만장한 연애사를 소개한 『변신 이야기』를 다시 참고하지 않을 수 없다. 남편의 외도를 또 목격한 헤라가 얼마나 노기충천했을지는 말이 필요 없을 것이다.
"들판을 내려다보던 헤라는 갑작스런 구름에 대낮이 한밤처럼 어두

워진 것을 수상하게 여겼다. 안개가 일어난 곳이 강이나 대지의 습지가 아니라는 사실을 이내 알아차렸다. 틈만 나면 바람을 피우는 남편을 사방팔방 찾아도 하늘에선 보이지 않았다. 헤라가 말했다.

– 내 생각이 틀리지 않았다면 난 모욕당하고 있구나.

그리곤 즉시 올림포스 정상에서 땅으로 내려와 구름에게 흩어지라고 명했다. 하지만 헤라가 찾아온 것을 눈치챈 제우스가 이미 이나코스의 딸을 하얀 암송아지로 바꾼 후였다."⁰⁶³

063
『변신 이야기』 제1권 601행~

페데리코 곤차가 공작이 만토바 궁전을 장식하기 위해 주문한 이 그림은 유피테르가 구름으로 변한 순간을 보여주고 있다. 작품의 역동성은 모두 화면의 세로 구성 덕분이다. 이오는 반쯤 감긴 눈으로 올림포스 통치자가 내려온 저 광활한 곳을 올려다본다(산꼭대기의 푸른빛이 희미하게 보인다). 이오의 앉은 자세는 고대 미술에 정통한 코레지오가 모를 리 없었을 화병 그림이나 조각품을 연상시킨다.

이 일화를 훌륭하게 시각화한 일등 공신은 조화로운 색감이다. 이오가 몸을 누인 하얀 천은 그녀의 살결만큼 환해 청순함을 나타낸다. 그 아래 불그스름한 정물은 이 연인을 달구는 뜨거운 욕망을 보여주고, 작품 위쪽 천상의 빛이 간간이 비치는 짙은 운무는 불멸하는 신의 존재와 덧없는 인생을 대조적으로 표현한다.

레다와 백조

_베로네세

파올로 칼리아리(베로네세),
〈레다와 백조〉,
1585년경, 캔버스에 유채,
113×94.5cm,
프랑스 아작시오,
페슈 궁전 보자르 미술관.

| 신화를 | 말하다 | 레다 신화의 여러 갈래

수많은 신화를 개요처럼 정리해 수록한 신화집 『비블리오테케』는 제우스와 레다의 사랑 또한 짤막하게 소개한다. 아름다운 레다가 틴다레오스의 아내이며 제우스가 그녀에게 사심을 갖고 찾아왔다고 밝힐 뿐, 별다른 설명을 덧붙이지 않는다.

"제우스는 백조의 모습으로 레다와 사랑을 나누었고, 남편 틴다레오스도 그날 밤 그녀와 잠자리를 가졌다. 레다는 제우스에게서 폴리데우케스와 헬레네를 낳았고, 틴다레오스에게서 클리타임네스트라와 카스토르를 낳았다."[064]

이 신화를 발전시킨 것은 호메로스, 파우사니아스, 오비디우스 같은 저자들이다. 거위로 변한 복수의 여신 네메시스를 유혹하려고 제우스도 백조로 변신했다는 일화가 널리 인기를 얻었다. 비록 시간 순으로는 뒤지지만 그에 따라 레다에 관한 에피소드에도 살이 붙었고,

064
『비블리오테케』 제3권 10장 7번

그 결과 백조로 변신한 제우스는 독수리에게 쫓기다가 인간인 레다 공주의 품으로 도망쳐서 그 기회를 적극 활용했다는 사연으로 정리되었다. 자연의 이치로 보나 혼인의 적법성으로 보나 순리를 거스르는 이 관계에서 레다는 두 개의 알을 낳았고, 네 명의 아이가 태어난다. 이 대목은 이후 등장하는 수많은 그리스 신화의 고리가 된다. 제우스로부터 잉태된 첫 번째 알에서는 폴리데우케스와 헬레네가 불사의 몸으로 태어난다. 하지만 다른 두 명, 즉 틴다레오스로부터 잉태된 두 번째 알에서 난 클리타임네스트라와 카스토르는 그렇지 못했다. 사실 친자 관계에 관해서는 의견이 분분하다. 호메로스는 『일리아스』와 『오디세이아』를 통해 제우스의 자손이 헬레네뿐이라고 했고, 여기에 맞서 핀다로스는 카스토르와 폴리데우케스가 제우스에게서 나고 클리타임네스트라와 헬레네는 틴다레오스에게서 났다고 주장했다. 어쨌거나 이 문제의 백조는 여름밤 하늘을 수놓는 아름다운 별자리가 되었고 더 이상 답을 알 길 없는 이야기를 영원히 추억하게 만든다.

| 붓질 | 속 | 이야기 |

❶ **바로크 시대를 알리는 커튼** | 베로네세는 물론 베네치아 르네상스에 속한 작가지만 그가 이 걸작을 완성한 말년 즈음에는 이미 유럽 전역에 바로크 열풍이 불고 있었다. 그러니 붉은 광택이 도는 묵직한 커튼과 풍성한 주름도 놀랄 일이 아니다. 당시 이런 배경은 결코 발설해선 안 되는 방탕하고 무분별한 사생활을 상징했다.

❷ **이룰 수 없는 입맞춤** | 그림 속의 백조는 열정 넘쳐 보이지만 실제로는 다른 교접 기관 없이 암컷에게 정액을 분사해 짝짓기를 마치는 동물이기에 무언가를 넣는 행위 자체가 불가능하다. 게다가 여기서는 관계 맺기라고 해봤자 입을 부비는 정도다. 따라서 작가는 애초부터 올림포스 산의 통치자와 한 여인의 잠자리를 물리적으로 표현하고자 애쓸 필요가 없었고, 다만 저속해보이지 않도록 표현하는 데 노력을 기울였다.

❸ **날개의 신비로움** | 자연 속 조류와 박쥐를 그대로 본 딴 백조의 날개는 르네상스 전반에 흐르는 비상(飛上)에 대한 열망을 보여준다. 베로네세는 새의 고유한 신체적 특징을 실감나게 표현했을 뿐 아니라, 그 기능에 걸맞는 미학적 가치를 부여하고자 했다. 이 모습을 보며 관객은 그보다 앞서 걸어간 거장 중의 거장, 독일의 뒤러와 이탈리아의 다빈치의 습작과 크로키를 떠올리게 된다.

❹ **몸을 맡긴 쾌락** | 긴장감 느껴지는 팔 근육과 떨리는 손, 쿠션을 깊숙이 누른 팔꿈치, 게다가 내민 입술과 벌어진 다리, 단단해진 가슴은 백조가 되어 덮친 제우스에게 레다가 완전히 무너졌다는 증거다.

| 그림을 | 말하다 | **베네치아 정부가 허락한 표현의 자유**

윤리 따위는 내팽개친 듯한 이 작품 앞에 누가 담담할 수 있을까? 음탕하고 퇴폐적인 레다는 알몸으로 누워 제우스의 부리를 순순히 받아들인다. 적극적으로 들이대는 백조의 몸짓을 보면 곧 어떤 상황이 이어질지 불 보듯 뻔하다. 배경과 소품 또한 이런 분위기를 부추긴

다. 가장 놀라운 것은 당대 베네치아 정부가 이토록 관대했다는 것이다. 신성한 혼인관계를 저버리고 이교의 신 제우스와 육욕에 몰입하는 묘사를 보나 자유분방한 삶의 즐거움을 표현한 폭발적인 색채미로 보나 사건의 내부에서 느껴지는 영감으로 보나 베네치아 미술의 정점을 향해 달려가는 작품이다. 이후 한동안 잠잠해질 고대의 신들이 마지막 메시지를 남기는 듯하다.

〈레다와 백조〉는 베로네세의 모든 작품 중 손꼽히는 걸작이다. 물론 아름답지만 앳된 시절의 눈부신 청순함은 사라졌고, 이미 티만드라를 출산한 어머니다. 뻔뻔한 백조에게 당했다기보다 오히려 부추기는 모양새다. 보석만 걸친 레다의 몸은 놀랍도록 생생하다. 자유자재로 명암을 살린 눈부신 살결과 고불고불 섬세한 머리칼, 어디 하나 흠잡을 데 없는 인체 묘사가 인상적이다. 레다가 몸을 누인 침대에도 베로네세의 기량이 엿보인다. 특히 저 자연스러운 주름은 베네치아파 특유의 노련함을 여실히 보여준다. 이처럼 현실감 넘치는 세부를 살피노라면 베네치아 귀부인들이 정말로 올림포스 신들만큼 분방했던 건 아닌지 의구심을 갖게 된다.

◎ 백조의 두 가지 상징

크기와 우아한 몸짓, 순백색 깃털, 잘 알려진 일부일처제 특성 덕분에 백조는 세계 어디서나 영원한 사랑, 빛, 순수함, 진실함, 충실함, 특히 부부간 정절의 눈부신 상징으로 통한다. 물론 이 작품에서는 전혀 그렇지 않다. 하지만 백조의 또 다른 상징이 '위선'임을 떠올리기엔 더없이 좋은 기회다. 희고 고운 깃털 밑에 가려진 거무스름한 살결은 확실히 매력이 떨어진다.

다나에

틴토레토

| 신화를 | 말하다 | 숨어도 막을 수 없는 신의 묘수

『비블리오테케』에는 아크리시오스 왕이 손자에게 죽임을 당할 것이라는 신탁을 들은 후 딸 다나에를 감금한 전설이 짧고 아름답게 요약되어 있다. 비록 청동 지하실에 갇혔지만 공주는 헌신적인 시녀를 한 명 데리고 있었다. 지하 독방은 그 누구도 침투할 수 없는 곳이었다.

"제우스는 황금 비로 변해서 지붕 틈새로 흘렀고 다나에의 몸속으로 들어갔다. 다나에는 페르세우스를 낳았다. 이 소식을 들은 아크리시오스는 페르세우스가 제우스의 아이라는 사실을 믿으려들지 않았고, 다나에와 어린 손자를 궤에 가두어 바다에 던져버렸다."**065**

그리스 3대 비극 작가인 아이스킬로스, 소포클레스, 에우리피데스는 모두 아르고스 왕 아크리시오스의 딸 다나에를 그

야코포 로부스티(틴토레토), 〈다나에〉,
1580년경, 캔버스에 유채, 142×182.5cm, 프랑스 리옹, 보자르 미술관.

들 작품의 소재로 삼았다. 출처에 따라 청동 지하실에 갇혔다고도 하고, 청동 탑에 갇혔다고도 하는 비극의 여주인공은 그럼에도 불구하고 금화 모양 빗물로 변신한 제우스를 피하지 못했다. 그 결과 그리스 신화 최고 영웅 중 하나인 페르세우스를 생산했으니, 황금 비의 위력에 혀를 내두를 만하다. 황금 비는 다나에가 몸단장하는 기막힌 타이밍을 놓치지 않았고, 시녀는 다급한 손길로 그 금화를 주워 모은다. 이 신화를 화폭에 담은 화가라면 누구나 이 둘을 시각적으로 대조시키려 했고 이 구도는 이후로도 수많은 예술가들에게 영감을 불어넣었다. 다나에를 잉태하게 한 황금 비 전설은 하나의 에피소드를 넘어 황무한 그리스 대지를 적시는 단비를 상징하기도 한다.

| 붓질 | 속 | 이야기 |

❶ **무대를 연출하는 커튼** | 보석만 두른 젊은 여인 양편으로 묵직하고 검붉은 커튼이 걷혀 있다. 그 앞에 끊임없이 쏟아지는 금화 비는 무절제한 쾌락의 상징이다. 화려한 침대가 의미를 한층 부각시킨다. 작가는 효과를 극대화하기 위해 다나에의 팔을 작품 속 가장 밝은 부분으로 삼았다. 당황스럽고 기묘한 상황을 순순히 받아들이는 모습이 인상적이다.

❷ **폭풍우 치는 창밖** | 뒤편의 창밖 풍경이 심상치 않다. 먹구름과 번쩍이는 뇌우 때문에 감옥치고는 너무 풍요롭고 안락한 실내가

상대적으로 부각된다. 매너리즘의 여명기, 사람들은 자연을 호의적인 곳이라 생각지 않았고, 행복이란 초원 위가 아니라 집안에서 찾아야 한다고 믿었다.

❸ 떨어질 곳을 잘 아는 금화들 | 금화 비가 아름다운 처녀의 몸 중에도 유독 탐스러운 허벅지에만 떨어진 것은 결코 우연이 아니다. 시녀는 낯 뜨거운 장면에 당황했다. 만약 그녀가 묘한 곳에 떨어져 번쩍이는 동전들을 얼른 앞치마로 훔쳐내지 않았다면 어떤 그림이 그려졌을까?

❹ 전경에 엎드린 작은 개 | 강아지는 뒤쪽에서 벌어지는 소란이나 창밖의 비바람 따위에 개의치 않고 꾸벅꾸벅 졸고 있다. 16~18세기 실내화의 단골 소재다. 충성과 헌신을 상징하는 강아지가 이 작품에서는 맹견도 사냥견도 아닌, 가정집에 안성맞춤인 반려동물로 그려졌다. 주인의 가족과 재산을 묵묵히 지켜주는 존재다.

| 그림을 | 말하다 | **베네치아파의 생생한 묘사력**

티치아노, 베로네세와 함께 16세기 베네치아파 3대 거장으로 꼽히는 틴토레토는 다나에를 작품의 테마로 삼았다. 이 화려한 그림은 감금된 아름다운 공주가 황금 비로 나타난 제우스에게 유혹당해 아이를 가지게 된 사연을 보여준다. 시녀를 곁에 둔 다나에는 캔버스를 대각선으로 가로지르는 범상치 않은 자세로 젊은 여자의 관능미를 보여준다. 하지만 티치아노 작품 속에서처럼 이상적이지는 않다. 풍만하고 굴곡진 몸매와 함께 군살과 주름도 숨기지 않았다. 오른쪽 창가에

놓인 류트는 베네치아파다운 세부 묘사다. 이 과감한 장치가 우중충한 풍경과 비구름을 실내로 끌어들였다.

지적 즐거움과 무르익은 관능미를 앞세우는 베네치아파는 어떻게 해서든 작품을 통해 아름다운 여성의 나신을 찬미했다. 그러기 위해 신화 내용상 다소 뜬금없는 맥락에도 상상력을 발휘하곤 했다. 그러나 이 작품은 주체할 수 없는 관능미나 무절제한 쾌락의 탐닉을 말하지 않는다. 여주인은 돈 외에는 일절 무관심한 표정이고 시녀는 고분고분하지만 약간 얼빠져 보인다. 핵심은 다른 데 있다. 두 인물과 커튼을 나무랄 데 없이 자연스럽게 기울인 대각선 구도, 아른아른한 광택을 살린 색감, 살아 숨 쉬듯 생생하게 그려낸 인체, 이 모든 것이 틴토레토만의 천부적 감각을 입증한다.

◎ 르네상스를 빛낸 악기, 류트

류트는 동양에서 유래한 발현악기의 일종으로 프랑스 궁정가 곡 에르드 쿠르와 이탈리아 세속 성악곡 마드리갈에 어우러지며 르네상스 최고의 악기로 군림했다. 상류층의 상징이었고, 워낙 까다로운 연주법과 학습에 오랜 시간을 요하는 운지법 때문에 교양의 척도가 되기도 했다. 이 작품에서는 귀족의 분위기를 내는 직접적인 장치로 쓰였다. 또한 여기에서처럼 류트의 조형미는 여성의 아름다운 나신을 더욱 부각시킬 수 있는 그림의 소재로도 각광받았다. 그러나 17세기로 넘어오면 클라브생에 자리를 물려주고, 18세기 말에는 클라브생도 피아노에 밀려 사라진다.

다프네를 뒤쫓는 아폴론

조반니 바티스타 티에폴로

| 신화를 | 말하다 | **모든 것을 내려놓아 나를 지키리**

디오도로스, 파우사니아스, 논노스 등 수많은 고대 작가들이 다프네(월계수)의 비극을 소개했지만, 오비디우스의 『변신 이야기』만큼 서정적이고 상세하게 다룬 작품은 없었다. 정숙과 순결로는 아르테미스 못지않고 자연은 사랑해도 남자에겐 냉정하며 보는 이를 설레게 하는 미모의 님페 다프네에게 아폴론은 마음을 빼앗기고 만다. 그러나 불타오르는 장황한 고백도 무색하게 다프네는 산으로 들로 도망치기 바쁘다. "그녀가 도망쳤다. 그 모습마저 매력적이었다. 가볍게 주름진 드레스가 산들바람에 반쯤 벌어졌고, 헝클어진 머리칼이 제피로스의 서풍에 뒤쪽으로 흩날렸다. 달아나는 모습은 평소보다 더 우아했다. 부드러운 노래로 달래도 소용이 없자 사랑에 몸이 달은 젊은 신은 속도를 높여 다프네의 흔적을

조반니 바티스타 티에폴로, 〈다프네를 뒤쫓는 아폴론〉, 1760년경, 캔버스에 유채, 68.5×87cm, 사무엘 크레스 콜렉션.

쫓았다. (…) 사랑의 날개를 단 그는 마치 날아가는 듯했다. 쉼 없이 뒤를 쫓아 드디어 도망치는 그녀에게 몸을 기울였고 잡을 듯이 가까워졌다. 아폴론의 가쁜 숨이 다프네의 흩날리는 머리카락에 스칠 정도였다."066

드디어 다프네를 붙잡은 순간, 비탄과 공포에 휩싸인 그녀는 자신의 아버지이자 강을 다스리는 페네이오스에게 몸을 돌려 마지막 소원을 빈다. 애탄에 빠진 늙은 아비는 딸을 월계수로 만드는 것 외에 다른 도리가 없었다.

"아폴론은 여전히 그녀를 사랑했다. 그래서 나무에 지긋이 손을 얹고 돋아나는 껍질 아래 아직도 뛰고 있는 다프네의 심장을 느꼈다. 팔과 다리 대신 어린 가지들을 끌어안고 곳곳에 입을 맞추었다. 하지만 나무는 여전히 그를 밀쳐내는 듯했다."067

아폴론은 향기롭고 매력적인 월계수 잎을 따서 왕관과 리라와 화살통을 꾸미고 못 다한 사랑을 영원히 간직하겠다는 징표들로 삼았다.

066
『변신 이야기』 제1권 526행~, 540행~

067
『변신 이야기』 제1권 553행~

| 붓질 | 속 | 이야기 |

❶ 숨겨진 화근 | 꼬마 신이 다프네의 하얀 옷 뒤에 숨어 있다. 사건의 전말은 사랑의 신의 복수심이었다. 아폴론에게 치욕을 당했던 에로스는 "그늘진 파르나소스 산꼭대기"068에서 아폴론의 "골수 깊숙이"069 황금 화살을 쏘았고, 곧 아폴론은 미친듯이 다프네를 사랑하게 되었다. 그와 동시에 다프네에게는 사랑을 증오하는 납 화살을 쏘았다.

❷ 아버지의 도움 | 강이 흘러나오는 커다란 암포라에 몸을 기댄 신이 페네

068
『변신 이야기』 제1권 467행

069
『변신 이야기』 제1권 473행

이오스다. 노인은 딸의 간청에 무너지고 말았다. 다프네의 기도를 오비디
우스는 이렇게 전한다.

"오, 아버지! 강물이 진정 신의 위력 아래 있다면 나를 구해주세요. 그리고
땅이여, 너는 나의 매력이 파국을 부른다는 것의 증인이니 내게 가슴을 열

어주어라. 그게 아니라면 내 모습을 바꾸어 내게 모욕거리가 된 이 아름다움을 파괴해다오."**070**

070
『변신 이야기』 제1권 545행~

딸의 끔찍한 변신을 허락할 수밖에 없는 참담한 아버지의 심정이 표정에 그대로 나타난다.

❸ **저주의 잎사귀** | 하늘을 향해 뻗은 손이 참혹한 변신을 시작했다. 오비디우스는 이 순간을 상세히 묘사한다.

"그녀의 머리카락이 무성한 잎사귀처럼 푸르러지고, 두 팔은 가지가 되어 뻗고, 그렇게 날래던 두 발은 땅에 뿌리를 내리고, 머리는 우듬지가 되었다. 이제 남은 것은 아름다웠던 지난날의 광채뿐이었다."**071**

071
『변신 이야기』 제1권 547행~

❹ **너무 일찍 등장한 월계관** | 아폴론의 후광이 비치던 얼굴은 자신의 집요함이 부른 비극 앞에 슬픔과 당혹스러움으로 일그러진다. 신의 절망스러운 탄식을 오비디우스는 다음과 같이 풀었다.

"아! 아폴론의 아내가 되지 못했으니 그의 나무라도 되어주오. 이제 그대의 잎사귀는 내 머리와 리라와 화살통을 장식하리라."**072**

072
『변신 이야기』 제1권 557행~

따라서 고증의 차원에서 보면 아폴론이 이미 월계관을 쓰고 등장한 모습은 명백한 오류다.

| **그림을** | **말하다** | **감정을 자극하는 극적 연출**

극적인 순간이다. 다프네 이야기 중 티에폴로가 선택한 이 장면에는 갑작스레 맞물려 돌아가는 비극의 톱니바퀴 아래, 네 주인공이 등장한다. 님페의 가녀린 두 손에 거친 나뭇가지가 돋아나고 그 껍질이

온몸을 덮어나간다. 끔찍한 변화다. 승리를 직감하며 몸을 날리던 아폴론이 그대로 아연실색하고, 꼬마 신 에로스는 당황하고, 늙은 페네이오스는 탄식한다. 그 뒤편엔 구름이 드리워 어둑한 풍경과 하늘에 맞닿은 파르나소스 산의 검은 형체가 보인다. 거의 발가벗은 채 붙잡힌 금발의 여신의 모습은 눈부시게 완벽하다. 조급했던 아폴론에겐 더욱 후회가 밀려온다.

님페와 젊은 신은 몸을 기울인 방향도, 사용된 색채도 모두 어긋나 있다. 다프네 쪽에는 아버지가 붉은 천으로 몸을 덮고 있다면 아폴론 쪽에는 얼마나 열렬히 쫓아왔는지 사방으로 펄럭거리는 노란 튜닉이 태양처럼 빛난다. 이 선명한 황금빛이 원경에 보이는 산의 차가운 푸른색과 대조를 이루어 효과가 더욱 극적이다. 전경에는 절망에 빠진 강의 신이 노를 내버렸다. 쓸모를 잃은 노는 눈앞의 비극과 관객 사이에 선을 그어준다. 관객은 앞으로 펼쳐질 비통한 장면을 상상하게 된다. 한 가지 짚어두자. 베네치아파 거장 티에폴로도 이 주제를 다룬 수많은 예술가들처럼 이탈리아 바로크의 피가 흐르는 베르니니의 1624년작, 조각 군상 〈아폴론과 다프네〉에서 영감을 얻었다.

◎ **월계수에 담긴 상징**

고대로부터 월계수가 불멸의 상징이자 어둠과 죽음의 세력에 대한 승리를 뜻하게 된 것은 겨울에도 변함없이 푸른 빛깔 때문이다. 월계수는 정복자들의 왕관이다. 알렉산더, 카이사르, 나폴레옹을 비롯한 역사 속 명장들과 호메로스, 베르길리우스 같은 희대의 시인들이 월계수로 이마를 장식했다. 스포츠 대회에서는 챔피언을, 영미권 대학에서는 입상자를 치하한다. 프랑스에서 대학 입학 자격을 일컫는 '바칼로레아'도 '월계수로 덮이다'라는 뜻을 갖고 있다.

다나이데스

_존 윌리엄 워터하우스

존 윌리엄 워터하우스,
〈다나이데스〉
1903년, 캔버스에 유채,
152.5×112cm,
개인 소장.

| 신화를 | 말하다 | 아버지의 말을 따른 죄

다나이데스 신화라는 얽히고설킨 실타래에서 명확한 진실을 뽑아내려면 그 기원으로 거슬러 올라가야 한다. 모든 것의 출발점에는 다나오스 왕이 있다. 우여곡절 끝에 그는 오십 명의 딸을 자신의 형제 아이깁토스가 낳은 오십 명의 아들과 혼인시킨다. 그러나 여기에는 음흉한 계략이 숨어 있었다. 『비블리오테케』는 다음과 같이 전한다. "피로연 자리에서 짝이 정해진 후, 다나오스는 딸들에게 단검을 나눠주었다. 첫날밤, 딸들은 모두 남편을 죽였다. 히페름네스트라만이 남편 린케우스를 살려두었다. 자신의 처녀성을 존중해준 보답이었다. 그러나 이 일로 그녀는 다나오스에게 결박되어 감금당한다. 나머지 딸들은 남편의 머리를 베어 레르네 늪에 묻었고 몸은 성 앞에서 장례를 치러주었다. 이후 제우스의 명령으로 아테나와 헤르메스가 딸들을 사면해주었다. 훗날 다나오스는 히페름네스트라와 린케우스가 부

부로 사는 것을 허락했고, 다른 딸들을 위해서는 육상 대회를 개최해 우승자들과 결혼시켰다."⁰⁷³

그러나 이 신화의 원만한 마무리와 달리 다른 여러 갈래들은 남편을 죽인 다나이데스, 즉 다니오스의 딸들이 죽은 후 저승에서 혹독한 형벌을 받았노라 전한다. 하계 재판관들의 가차 없는 판결로 타르타로스에서 구멍 난 항아리에 영원토록 물을 채우게 되었다는 것이다. 이들에게 내려진 징계는 '시시포스의 바위'와 '탄탈로스의 형벌'처럼 '다나이데스의 통'이라는 속담으로 남아서 아무 짝에도 쓸모없고 물리적으로도 불가능한 일을 "차갑고 허무한 영원의 시간 동안"⁰⁷⁴ 계속해야 하는 경우를 가리키게 되었다. 바로 이러한 다나이데스의 최후를 워터하우스는 그림으로 옮겼다.

⁰⁷³
『비블리오테케』 제2권 1장 5번

⁰⁷⁴
코르네유, 「쉬레나」 1장 3막

| 붓질 | 속 | 이야기 |

❶ 팜므 파탈 | 빅토리아 시대 미술적 상상력은 여성 이미지를 '팜므 파탈'과 결부시켰다. 그림 속 녹색 튜닉을 입은 미모의 여성이 그 전형이다. 매혹적이고 신비롭고 요염한 그녀가 드러낸 한쪽 가슴은 순진한 관객의 시선을 홀리고 정신을 몽롱하게 한다. 관객은 순박해 보이는 미녀가 신혼 첫날밤 저지른 범죄를, 자기 사촌이기도 했던 남편을 아버지 뜻에 따라 어떻게 살해했는지를 기꺼이 잊으려 할 것이다.

❷ 지옥의 굴레 | 작품 오른쪽 끝, 조용하고 애처로운 여인이 보인다. 지친 듯해도 기진맥진하진 않다. 방금 떠나온 우물로 다시 내려가고 있는 왼쪽 끝의 여인도 마찬가지다. 시대가 흐르고 세기가 바뀌어도 끝없이 이어지

는 지독한 굴레다. 영원히 자유를 박탈당한 가련한 다나이데스는 운명에 비굴하게 체념하지 말고 비장하게 맞서라고 전한다.

❸ 저주 받은 물 단지 │ 밑 빠진 독에 물을 채우려는 젊은 여인들. 그 단아한 모습과 대조적으로 작품 한가운데 떡하니 자리 잡은 커다란 물 단지는 양서류를 닮은 흉측한 모양새다. 못생긴 괴물은 불룩한 배를 네 발로 받치고 서서 주둥이를 쩍 벌려 마신 물을 토한다. 그럼에도 물은 맑디맑아서 다시 지하 수로를 타고 흐르고 애초에 고여 있던 우물에 가서 닿는다.

│ 그림을 │ 말하다 │ **지극히 아름다운 형벌**

이 화려한 작품에서 제일 먼저 눈에 들어오는 것은 다섯 명의 젊은 여인이다. 가혹하기 짝이 없는 감옥, 악명 높은 타르타로스 동굴에 붙들려 있는데도 눈부시게 황홀한 미모를 자랑한다. 가벼운 옷차림과 정돈된 머리하며, 무거운 물동이를 지고도 생기 있어 보이고 인간성을 말살시키는 노역에도 관능적이다. 19세기 후반 빅토리아 시대의 사회가 그토록 경계하던 여성미를 빠짐없이 갖추고 있다. 무심한 듯 뇌쇄적이며 남자 마음속 가장 은밀한 환상을 부추기는 에로틱한 팜므파탈의 전형에 충실하다. 지옥의 형벌을 받는 모든 이들이 느껴야 할 공포와 불안에는 전혀 무감각해 보인다.

이루 말할 수 없이 묘한 평온함을 한층 더 부각시키는 것은 작가가 구사하는 균형미와 대칭 구도다. 작품 중앙, 암포라가 거의 비어가는 두 여인이 다음 사람에게 자리를 비켜줄 자세를 취한다. 그 곁에 차례를 기다리는 두 여인은 물이 찰랑대는 암포라를 오른쪽 어깨에 지고 왼팔을 지렛대삼아 주둥이를 붙들었다. 부동의 화면을 깨뜨리는 유일한 존재는 그 뒤편, 죽음의 우물을 향해 계단을 내려가는 여인뿐이다.

고운 옷차림도 언급하지 않을 수 없다. 작가는 고급스럽고 다채로운 색감과 함께 여인들의 튜닉에 보기 드문 광택을 입혔다. 오묘한 보랏빛 색조들이 특히 인상적이다. 그 결과, 매력과 두려움, 감탄과 연민에 사로잡힌 관객은 이 작품을 초대장 삼아 자신의 무의식 밑바닥을 들여다보는 신비로운 여행을 떠난다. 신화의 신기루가 잘 어울리는 영역이다.

◎ **영국 특유의 라파엘전파**

존 윌리엄 워터하우스는 라파엘전파에 뒤늦게 합류했음에도 불구하고 가장 재능 있는 작가 중 하나로 이름을 날렸다. 라파엘전파 화가들은 이탈리아 원시주의를 연구해 새롭게 되살리고자 했고, 헌트, 밀레, 로세티를 필두로 '진리에서 즐거움을 긷고자' 했다. 이들은 인간적인 인물 묘사, 섬세한 기법, 생생한 색조와 상징적 이미지로 유럽에서 명성을 쌓았으며 그 표현력과 상상력으로 세계 미술사에 남부럽지 않은 족적을 남겼다. 비록 빅토리아 중기에는 물질적 압박에 시달리기도 했지만 제1차 세계 대전 직전까지 그들은 풍성한 작품을 남겼다.

안드로메다를 구하는 페르세우스

_폼페이 벽화

〈안드로메다를 구하는 페르세우스〉,
A.D. 50~79년,
이탈리아 폼페이,
디오스쿠로이 가옥,
나폴리 국립 고고학 박물관.

| 신화를 | 말하다 | **괴물의 먹이로 주어진 공주**

영웅 페르세우스가 가련한 안드로메다를 극적으로 구한 사건은 별자리와 관련해 가장 잘 알려진 신화 중 하나다. 가장 깔끔하게 요약된 원전은 『비블리오테케』에서 찾을 수 있다.

"페르세우스는 에티오피아에 도착했다. 그곳은 케페우스가 다스리는 나라인데, 왕의 딸 안드로메다가 바다 괴물에게 바쳐질 위기에 처해 있었다. 케페우스의 아내 카시오페이아가 아름다움을 겨루는 대회에서 감히 네레이데스와 어깨를 견주며 자신이 그들 모두보다 낫다고 자부한 탓이다. 네레이데스는 모욕감을 느꼈고, 포세이돈도 격노했다. 그는 해일을 보내 나라 전역을 초토화시키고 바다 괴물도 보냈다. 암몬은 재앙을 멈출 유일한 방법이 카시오페이아의 딸 안드로메다를 괴물의 먹이로 주는 것뿐이라고 신탁을 내렸다. 백성들의 압력을 이기지 못한 케페우스는 신탁에 따라 어린 딸을 암초에 묶었는데,

페르세우스가 그녀를 발견하고는 첫눈에 반해버린다. 그는 안드로메다를 아내로 준다면 괴물을 죽이고 그녀를 구하겠다고 약속했다. 합의는 맹세로 확약되었다. 페르세우스는 바다 괴물을 공중에서 격파해 죽이고 공주를 풀어주었다."075

075
『비블리오테케』 제2권 4장 3번

그러니까 메두사를 무찌른 페르세우스가 페가수스를 타고 귀환하던 길에 안드로메다를 발견했고, 그녀의 부모 케페우스와 카시오페이아가 결혼을 승낙하면 딸을 구해주겠다고 약속한 것이다. 그러곤 공중에서 바다 괴물을 덮쳐 손에 쥔 무기로 즉시 목을 베었다. 후일담은 순탄치 않다. 결혼 약조가 강압적이었다며 케페우스가 말을 바꾸는 바람에 영웅은 안드로메다의 열렬한 응원에 힘입어 다시금 아내를 얻기 위해 싸워야 했다. 홀로 이백여 명과 맞서는 불공평한 전투에서 그는 메두사의 머리를 내밀었고, 마침내 승리를 거머쥔다.

| 붓질 | 속 | 이야기 |

❶ **두 팔의 만남** | 조형적 관점에서만 보면 엇갈리며 만나는 두 팔에는 놀라운 기지가 엿보인다. 미래의 연인을 이어주면서 동시에 갈라놓는 고난도 기술이다. 페르세우스는 근육질의 구릿빛 팔로 안드로메다의 가녀린 우윳빛 팔을 받쳐준다. 여기에는 일종의 상호복종맹세가 깔려 있다. 용사의 힘도, 공주의 미모도, 서로의 마음을 녹여버린 사랑에 비하면 아무것도 아닌 셈이다.

❷ **메두사의 머리** | 앞서 우리는 아테나 여신(38쪽)을 소개하면서 누구든 눈만 마주쳐도 돌이 되어버리는 뱀 모양 머리카락의 흉측한 메두사를 만

나본 적 있다. 페르세우스는 헤르메스에게 받은 칼로 메두사의 머리를 베어 망토 안쪽에 보이지 않게 매달았다. 그리고 곧 아테나에게 선물로 바친다. 여신은 이 피비린내 나는 전리품을 즉시 방패에 달아 천하무적 영원불변의 아이기스를 만들 것이다.

❸ **순교의 바위** │ 신화에서는 공주를 삼키려 혈안이 된 바다 괴물이 파도가 부서지는 암초 주위를 맴돈다. 그러나 여기서 화가는 그 오싹한 배경을 바위 몇 개로 대신했다. 그 위에 안드로메다를 세워 페르세우스를 내려다보게 했다. 영웅에게 팔을 허락하며 땅으로 내려오는 모습은 마치 두 사람의 혼인 서약 같다. 이 작품은 거칠고 무법했던 초기 그리스에서 수천 년을 건너뛰어 우리를 베수비오 산자락에 안긴 훈훈한 도시로 초대한다.

│ 그림을 │ 말하다 │ **로마인들이 추구한 건장한 인체**

힘차고도 섬세한 이 벽화는 신헬레니즘 양식을 따른다(151쪽 '폼페이의 네 가지 양식' 참조). 로마제국에서 한창 유행하던 페르세우스와 안드로메다 테마를 작가는 짐짓 사랑스런 연애사로 풀어냈다. 오늘날로 치면 '백마 탄 왕자님' 수식어가 나올 법하다. 타고난 기품과 조각 같은 미모의 안드로메다는 한없이 우아하고, 페르세우스는 흡사 중세 기사와 같이 용맹한 자세다. 바다 괴물에겐 그토록 무자비하더니 매혹적인 여주인공에게는 한없이 다정하다. 그런 남자가 공주에게 팔을 내밀며 이제 다 끝났다고, 그 험한 바위에서 그만 내려오라고 에스코트한다. 안드로메다의 황금빛 실크 튜닉에 보조를 맞추듯 페르세우스의 탄탄한 몸은 구릿빛으로 빛난다. 그리고 관객들에게 아낌없이 온몸을 보여준다. 아름다운 여인의 눈에 띄지 않게 망토 옆에 감춘 흉측한 메두사 머리만 없었다면 이 장면은 그야말로 어느 데이트날, 운 좋은 남자가 좀 더 한적한 곳으로 가서 은밀한 얘기를 나누자고 파트너를 조르는 것처럼 보였을 것이다.

이 작품에서 가장 인상적인 것은 놀라운 공간감과 입체감이다. 팔을 뻗은 안드로메다와 다리를 구부린 페르세우스, 그들이 나란히 올라선 바위 두 개. 여기서 공간 표현은 꽤나 사실적이다. 피렌체 거장들보다 무려 15세기나 앞선 솜씨다. 신체의 입체감은 더욱 놀랍다. 전라의 페르세우스도, 기다란 드레스로 몸을 가린 안드로메다도, 건장하고 풍만한 육체미가 그대로 느껴진다. 또한 색조는 배경의 반들거리는 푸른 바위를 두 사람의 따뜻한 피부색과 뚜렷이 대조시켜서 전체 조화를 살렸다.

◎ 안드로메다, 신화에서 우주의 일부로

초기 인류 역사를 장식한 불후의 여주인공 안드로메다 공주는 밤하늘의 별자리로 이름을 남겼다. 전사 같아 보이기도 하고 손목이 묶인 여자 같아 보이기도 하는 안드로메다자리에는 안드로메다은하가 포함되어 있다. 우리 은하에서 가장 가까운 나선 은하로 약 225만 광년이나 떨어진 곳이다. 무려 1조 개 이상의 별로 이루어진 안드로메다는 지구에서 육안으로 관찰 가능한 흔치 않은 은하 중 하나이며 눈으로 보이는 너비가 달 지름의 몇 배에 달한다.

시시포스

_티치아노

티치아노 베셀리오(티치아노),
〈시시포스〉,
1549년, 캔버스에 유채,
237×216cm,
스페인 마드리드,
프라도 미술관.

| 신화를 | 말하다 | **요령 좋은 자의 몰락**

아이올로스의 아들 시시포스는 참으로 서글픈 명성을 남겼다. 뼛속까지 거짓말쟁이에 도둑질을 일삼고 신들 앞에 오만불손하다 못해 불경하며 살인을 청부하던 그가, 오늘날에 와서는 운명에 굴복하지 않은 대가로 영겁의 형벌을 치르는 현대적 영웅으로 부상했다. 제우스는 그에게 죽음의 신 타나토스를 보내 저승으로 내려가라고 채근했다. 그러자 영악한 시시포스는 자기 앞에 놓인 사슬을 들고 어떻게 매는지 방법을 모르겠다며 뭉그적거리다가 오히려 타나토스의 손목을 결박해 자기 궁전에 가두어버렸다. 불같이 화가 난 제우스는 전쟁의 신 아레스를 시켜 타나토스를 빼내고 시시포스를 타르타로스 섬에 보내버린다. 그러나 시시포스의 잔꾀는 상상을 초월했다. 그는 이승을 떠나기 직전 아내 메로페에게 절대로 자신의 장례를 치르지 말라고 일러두었고, 하계에 내려와서는 어떻게 장례를 치르지 않을 수

있느냐며 상황을 바로잡겠다는 핑계로 지상에 다녀오도록 허락받는다. 물론 문제가 해결되면 즉시 돌아오기로 했다. 그러나 다시금 따사로운 햇살을 누리는 행복에 겨워 약속일랑 무시하고 여전히 올림포스 신전을 농락했으니, 마침내는 헤르메스가 강제로 그를 붙잡아 하계로 끌고 와야만 했다. 결국 그는 커다란 바위를 산꼭대기까지 밀어 올렸다가 반대편으로 떨어뜨리는 형을 선고받는다. 하지만 이 무자비한 과제를 완수하기 직전에는 매번 출발점으로 도로 끌려왔기 때문에 결코 끝이 나지 않는 일이었다. 호메로스로 시작해 파우사니아스, 아폴로도로스, 베르길리우스, 오비디우스, 그리고 수많은 작가를 거쳐 카뮈에 이르기까지, "바위에 짓눌려 신음하고 떨어지는 바위를 뒤쫓다가, 굴리고 굴려 또 다시 바위를 떨어뜨려야 하는"[076] 시시포스의 신화는 영원히 끝나지 않는 무익한 수고의 보편적 상징이 되었다.

076
『변신 이야기』 제4권 460행

| 붓질 | 속 | 이야기 |

❶ **작가의 선택** | 티치아노는 커다란 돌덩이를 시시포스 어깨에 얹어놓음으로써 고전 속 전통적인 묘사와 거리를 두었다. 『비블리오테케』에 따르면 "시시포스의 형벌은 커다란 바위를 굴리고 손과 머리로 밀어 올려 산꼭대기 너머로 떨어뜨리는 것"[077]이었다. 아마도 베네치아파 거장은 자신의 깊은 해부학적 조예를 뽐내고자 재량을 발휘한 듯하다.

077
『비블리오테케』 제1권 9장 3번

❷ **시대를 건너온 괴물** | 시시포스를 예의 주시하며 발밑을 기어가는 징그러운 뱀이 보인다. 이 짐승은 고대 신화에선 등장하지 않는다. 아마도 지

옥에 대한 중세적 이미지, 특히 지옥에서 영벌받을 무리를 삼키려고 입을
쩍 벌리고 기다리는 괴물에게 영감을 받은 듯하다.

❸ **저승의 땅** | 저승의 밑바닥, "뾰족한 바위 사이를 흐르는 썩지 않는 스틱
스 강물"[078]에 둘려 세상과 단절된 타르타로스 섬. 그 으스스한 풍경에 대
해 헤시오도스는 『신통기』에서 매력적인 글귀를 하나 남겼다.
"바로 이곳이 어두운 땅, 암흑의 타르타로스, 생기 없는 바다와 별이 빛나
는 하늘의 경계이자 신들도 혐오하는 부정과 파멸의 끝이다!"[079]

078
『신통기』 805행~

079
『신통기』 736행~

| 그림을 | 말하다 | **현실 권력의 경고와 강력한 신체의 묘사**

카를로스 1세의 이름으로 스페인을 다스리던 합스부르크 왕가는 티
치아노에게 이 암울한 작품을 주문한다. 여기에는 명확한 교훈이 비
유로 담겨 있다. 고된 수고의 허무함이나 인간 조건의 부조리함이 아
니다. 베네치아파 거장이 보여주려던 것은 함부로 권력에 대항하면
형벌을 면치 못한다는 메시지였다. 작가는 시시포스를 나무랄 데 없
이 건장하고 헤라클레스 못지않은 장사로 그려냈다. 그럼으로써 반
란의 씨앗이 왕가의 심복, 가장 명망 높은 가문이자 최고 권력자에게
서 싹틀 수 있으며, 그런 위험은 당연히 치명적일 수밖에 없으므로
응징도 반역이라는 죄에 걸맞게 이뤄질 것이라고 말한다. 최소한 명
백한 경고다.
비평가들은 시시포스의 모습에 대해 고대 조각의 영향을 언급하곤
한다. 16세기는 고대 로마의 잊혔던 명성이 화려하게 부활한 때였으
니 그 영향력을 부인할 수는 없다. 하지만 르네상스 시대의 인물 재

현 방식을 전면 재검토하게 만든 미켈란젤로의 예술을 거쳤기에 가능한 결실이었다. 시스티나 성당 천장화(1508~1512) 이후, 근육질 나체와 단련된 신체는 인간에 대한 새로운 시각적 경험의 기준이 되어 왔다. 물론 미켈란젤로도 1506년 1월 14일, 로마 네로 황제의 별장 도무스 아우레아 부지에서 발굴된 고대 라오콘 군상에서 영감을 받기는 했다. 그러나 티치아노는 그것을 '그림'으로 옮겼고, 불타는 용암의 색조로 생동감을 입혔다. 이 끝이 보이지 않는 공간 속에서 우리의 주인공이 아무런 희망도 없이 걸어 나간다.

◎ 호메로스 작품 속 의문점

『오디세이아』에서 오디세우스는 나우시카의 아버지 알키노오스 왕에게 저승에서의 경험담을 들려준다. 그리고 거기서 시시포스의 그림자를 보았노라 말한다.

"잔인한 형벌에 몸부림치는 그가 내 눈에 들어왔습니다. 손과 발로 커다란 바위를 굴려 산꼭대기까지 밀어 올리더군요. 그런데 정상에 이르려 하면 곧 강한 힘이 그를 제자리로 끌고 왔고, 염치없게도 바위는 다시 들판에 내리 꽂혔습니다. 그럼 시시포스는 그걸 또 힘겹게 밀어 올리는데, 사지가 땀에 젖고 머리 위까지 먼지 바람이 풀풀 날렸습니다."[080]

그러나 해설가들은 시시포스의 형벌 신화가 『오디세이아』의 작가 호메로스의 시대 이후 생겨났기 때문에 고증에 오류가 있다고 지적한다. 가장 그럴듯한 해명은 가필의 가능성이다. 많은 사랑을 받은 신화는 차후 이야기가 덧대어지는 영예를 누렸기 때문이다.

080
『오디세이아』 제11권 593행~

파리스의 심판

_니클라우스 마누엘

니클라우스 마누엘,
〈파리스의 심판〉
1520년, 캔버스에 템페라,
223×160cm,
스위스 바젤,
공립미술관.

| 신화를 | 말하다 | 모든 것의 불씨가 된 경쟁

파리스의 심판이 그토록 많은 회화와 서정시를 남긴 것은 어쩌면 고대 세계의 한 획을 그은 전투, 트로이 전쟁의 발단을 제공했기 때문이다. 앞서 〈유피테르와 테티스〉(20쪽)에서도 살짝 살펴본 이 에피소드를 『비블리오테케』의 저자는 다음 몇 줄로 요약했다.

"에리스는 가장 아름다운 여신을 위한 사과를 던져 헤라와 아테나와 아프로디테 사이에 경쟁을 붙였다. 제우스는 헤르메스를 시켜 이 사건의 재판을 이데 산에 살고 알렉산드로스라 불리는 파리스에게 맡겼다. 여신들은 저마다 파리스에게 선물을 걸었다. 자신을 뽑아준다면 헤라는 모든 인간을 다스릴 권력을, 아테나는 전쟁에서의 승리를, 아프로디테는 헬레네의 사랑을 약속했다. 그리고 파리스는 아프로디테를 선택했다."[081]

모든 이야기는 꿈에서 시작된다. 프리아모스의 아내이자 트로이 왕

비인 헤카베는 뱀이 득실대고 온 도시를 집어삼키는 화염 덩어리를 출산하려는 꿈을 꾸었다. 불길한 징조에 놀란 부부는 갓 태어난 파리스를 이데 산에 버렸고, 거기서 파리스는 암곰의 젖을 먹으며 목동 아겔라오스의 보살핌으로 목숨을 건진다. 그런 그가 양을 치던 어느 날, 헤라와 아테나와 아프로디테가 헤르메스를 대동하고 나타났다. 첫째 후보가 신들의 여왕임을 내세우고, 둘째 후보가 순결을 자부했다면, 마지막 후보는 파리스의 마음을 살폈다. 그리고 그녀는 소심한 목동에게 세상에서 가장 아름다운 여인을 아내로 주리라 약속한다(파리스는 이미 님페 오이노네를 아내로 두고 있었다). 이 달콤한 제안 앞에, 더구나 목동의 눈에, 정치 권력과 전쟁의 승리가 무슨 가치가 있었으랴. 물론 파리스의 선택은 이후 트로이 멸망이라는 처참한 결과를 가져온다. 모멸감을 느낀 두 여신이 끈질긴 원한을 품었기 때문이다.

| 붓질 | 속 | 이야기 |

❶ **아테나의 기이한 머리 장식** | 별난 것투성이인 이 그림에서 가장 특이한 것 하나를 고르라면 역시 아테나의 머리 장식이다. 신화의 한 장면이라기보다 외설스러운 카니발이 생각난다. 늘 쓰던 투구는 구불대는 다섯 마리 뱀처럼 소용돌이치는 타조 깃털 다섯 개로 대신했고, 여전사의 화려한 방패를 장식하던 메두사의 끔찍한 머리는 온데간데없다.

❷ **조력자 꼬마 신** | 날개 위로 보일 듯 말 듯한 글귀(CUPIDO, 로마의 '쿠피도'이자 그리스의 '에로스')가 그의 정체를 알려준다. 사랑의 꼬마 신이 방금 파리스를 향해 화살을 날렸고, 황금 사과를 받아든 아프로디테는 헤라와 아테

나에 대한 승리를 확인한다. 패배한 두 여신은 분한 마음에 하나같이 고개를 돌린다.

❸ **은밀한 사랑의 메시지** │ 그림을 자세히 뜯어봐야만 보이는 글귀가 있다. 황금 사과와 아프로디테의 머리에 새겨진 문장들이다. 사과 위 'EN DIS-ER OP'는 'DIeSER OPfel der SchönstEN(가장 아름다운 여신에게)'를 축약해

서 순서를 바꾼 것이다. 사진 상으로 잘 보이지 않으나 아프로디테의 머리 위, 철자를 변형해서 두 겹으로 새긴 'FENUS'는 사랑의 승리를 상징하는 여신의 라틴어 이름이다.

❹ **후광이 비치는 군주** │ 목동의 앉은 자리 바로 옆, 나무 기둥에 새겨진 금빛과 은빛 글자가 마치 성인이나 순교자를 위한 후광처럼 둥근 광휘를 이룬다. 이 문구는 세 여신의 미모를 평가하게 된 목동이 누구인지 확인시켜 준다. 'PARIS VON TROY DER TORECHT(트로이의 파리스는 준비가 되어 있다.)'

│ 그림을 │ 말하다 │ **15세기 스위스인이 상상한 그리스**

너도밤나무 옆 한 바위에 파리스가 앉아 있다. 양치기답게 볕에 그을린 얼굴로 아프로디테에게 황금 사과를 내민다. 아프로디테는 묘하게도 임신 막달에 이른 몸이다. 약간 뒤로 물러선 헤라는 묵직한 흰 담비털을 두른 드레스와 머리를 가린 화려한 두건으로 존재감을 과시한다. 그리고 왼쪽에는 아테나가 쓰라린 패배를 곱씹는다. 어떤 구혼자에게도 허락지 않았던 자신의 매력을 큰맘 먹고 공개했던 만큼 쓸쓸함은 더욱 크다. 세부 묘사도 의미심장하다. 오른손에 들린 칼은 괴물의 머리를 벨 때 쓰던 것인데, 이제는 칼집에서 스륵 흘러나올 만큼 무력해 보인다.

작품에서 마누엘은 고전 기록들을 과감히 거슬렀고 결코 적지 않은 비중을 차지하던 헤르메스의 흔적마저 지워버렸다. 과거와 달리 파리스도 가벼운 차림의 목동이 아니다. 잘 정돈된 곱슬머리에 과할 정도로 알록달록 차려입은 독일 귀족이 되었다. 한편 고대의 카논을 비틀어 표현한 점도 있다. 늘 나신을 자랑하던 헤라와 아프로디테는 어쩐 일인지 옷을 갖추어 입었고, 고대 기록에서와 딴판으로 아테나만 홀로 알몸이다. 물론 아프로디테의 반투명 드레스가 정말로 몸을 가렸다고 보기는 어렵다. 그래서일까? 그림 상단에 나타난 이상한 글귀는 그녀야말로 진정한 승자라고 말하는 듯하다. 이 대결의 핵심은 사랑이 아니라 정숙함이라고.

같은 주제 다른 그림

◆ 건방진 소년의 모습으로 나타난 파리스

장 앙투안 와토, 〈파리스의 심판〉, 1721년경, 목판에 유채, 프랑스 파리, 루브르 박물관.

와토는 파리스를 어린 목동으로 그렸다. 그 옆에는 양치기 지팡이가 있고 발치에는 개가 잠들어 있으며 사랑의 여신 아프로디테에게 불화의 사과를 내미는 모양새가 꽤 건방져 보인다. 뒤에는 카두케우스를 든 헤르메스가 있다. 헤르메스에게 미리 귀띔받은 파리스는 자신이 내려야 할 선택 앞에 거의 주저한 기색이 없다. 늘 그렇듯 공작과 함께 나타난 헤라는 벌써 전차를 타고 올림포스 신전을 향해 멀어져 간다. 입술에 댄 손가락은 불명예스러운 이 사건을 조용히 덮길 바라는 마음을 담고 있다. 오른쪽에는 침울하고 험악한 인상의 아테나가 메두사 머리를 단 방패로 몸을 가렸다. 그녀 역시 물러서고 있다. 분한 표정이 역력하다. 그리고 가장 앞쪽에는 어린 에로스와 뒤돌아선 아프로디테가 보인다. 자신의 탐스러운 몸매를 목동에게 보여주며 과연 탁월한 선택을 했노라고 칭찬한다.

헬레네를 구하는
카스토르와 폴리데우케스

_레옹 코니예

레옹 코니예,
〈헬레네를 구하는
카스토르와 폴리데우케스〉
1817년, 캔버스에 유채,
146×113cm,
프랑스 파리,
보자르국립예술대학(ENSBA).

| 신화를 | 말하다 | 나라와 맞바꾼 미녀의 어린 시절

앞선 작품들을 살피는 동안 우리는 스파르타 왕비 레다에게서 태어난 쌍둥이 형제, 디오스쿠로이라고도 불리던 카스토르와 폴리데우케스를 여러 번 만나보았다. 한 배에서 나온 쌍둥이지만 아버지는 달랐다. 카스토르는 스파르타 왕 틴다레오스의 아들로 클리타임네스트라와 같은 알에서 태어났다면, 폴리데우케스는 백조로 변해 레다와 정을 나눈 제우스의 아들이었다. 그 차이는 어마어마해서 폴리데우케스가 (같은 알에서 태어난 누이 헬레네처럼) 불사의 존재인데 반해, 카스토르는 (클리타임네스트라처럼) 그렇지 못했다. 여담이지만 그의 누이 클리타임네스트라의 운명은 특히나 비극적이었다. 딸 이피게네이아를 제물로 바친 남편 아가멤논을 살해하고, 자신도 또 다른 딸 엘렉트라의 부추김에 넘어간 아들 오레스테스의 손에 목숨을 잃는다. 어쨌거나, 누이를 구출한 두 형제 이야기는 헬레네가 겨우 열두 살이던 풋풋한

시절로 거슬러 올라간다. 그때 이미 신비로운 미모를 자랑하던 헬레네는 아르테미스 신전 앞에서 춤을 추다가 미노타우로스의 정복자, 혈기왕성한 테세우스의 마음에 불을 붙이고 만다. 두려움을 모르는 용사는 예의와 절차 따윈 모두 무시한 채 욕망의 대상을 납치해서 아티카의 수도 아테네로 데려갔다. "테세우스가 저승에 있는 동안 카스토르와 폴리데우케스가 도시를 포위하고 함락시켰다. 그들은 헬레네를 구하고 테세우스의 어머니 아이트라를 포로로 잡아왔다."082 일부 자료는 헬레네가 테세우스의 딸을 낳았다 하고, 또 다른 자료에선 지혜로운 틴다레오스 왕이 스파르타로 돌아온 그녀를 자매이자 정숙과 순결의 수호자인 클리타임네스트라의 엄격한 보호 아래 두었다고도 한다.

082
『비블리오테케』 제3권 10장 7번

| 붓질 | 속 | 이야기 |

❶ 영원을 향한 출구 | 왼쪽의 거대한 기둥과 오른쪽의 높은 벽 사이, 관객의 시선은 무한한 구름에 꽂힌다. 저 멀리 신비로운 여명만 아른거리는 신들의 영역이다. 불멸을 허락받은 인간, 폴리데우케스와 헬레네의 운명은 아직 미스터리하기만 하다.

❷ 칼의 다양한 용도 | 신화를 옮긴 그림 중에서 당대 풍습상 관객에게 보이기 민망한 부분을 칼로 적당히 가린 작품 수를 세어본다면 나름 의미 있고 재미난 작업일 것이다. 역시 레옹 코니예가 그린 〈파트로클로스를 애도하는 브리세이스〉 속 아킬레우스와 자크-루이 다비드의 작품 〈사비니의 여인들〉(296쪽) 속 타티우스처럼, 공교롭게도 카스토르의 칼은 그리

스인이라면 가릴 생각조차 하지 않았을 그곳에 머물러 있다.

❸ 속죄의 제물이 된 아이트라 | 테세우스의 어머니 아이트라는 아들과 함께 아테네 궁에 살았다. 그러나 아들이 자리를 비운 사이, 카스토르와 폴리데우케스가 헬레네를 구하고 아이트라를 누이의 시종으로 사로잡는다. 이 작품에서는 전리품을 챙겨 스파르타로 떠나는 행렬 사이에 수척해진 아이트라가 보인다. 하지만 새 여주인과 함께 트로이에 도착하면 그리스군이 그녀를 구해줄 것이며 총지휘관 아가멤논도 그녀가 아티카로 돌아가도록 허락할 것이다.

| **그림을** | **말하다** | **코니예에게 명성을 안겨준 탁월한 인체 표현**

이 작품은 1817년 레옹 코니예에게 회화 부문 로마 대상이라는 크나큰 영예를 안겨주었다. 작가는 디오스쿠로이가 테세우스의 아테네 궁을 의기양양하게 나오는 순간을 보여준다. 형제는 이미 스파르타로 귀환하려는 행렬의 선두에 서 있고, 바닥에는 헬레네를 감시하던 보초들의 시체가 널브러져 있다. 자신들과 무관한 사건에 휘말린 안타깝고 억울한 순교자들이다. 무정한 호메로스의 이야기답게 디오스쿠로이도, 그들의 누이 헬레네도 군주들 싸움에 희생된 평민들에게 눈길조차 주지 않는다. 후경에 벽과 벽 사이로 보이는 높은 도시는 아직 고대 아크로폴리스의 외양을 갖추지 못했다. 그 꼭대기에 탄탄한 요새만 일부 보일 뿐이다.

화가는 쌍둥이 형제를 구분 짓기 위해 한 명에게는 노란 튜닉에 붉은 깃털을 입히고 다른 한 명에게는 붉은 튜닉에 황금 깃털을 입히기로 한다. 하지만 붉은 튜닉은 몸 뒤로 나부끼며 조각 같은 몸매를 가감 없이 보여준다. 그도 그럴 것이, 자크-루이 다비드를 꿈꾸는 젊은 프랑스 화가들이 보자르 콩쿠르에 지원하던 이 시대에는 남성의 나체 표현이 회화 실력을 가늠하는 시금석이었다. 두 형제 사이의 헬레네는 아롱거리는 한 조각 빛처럼 섬세하고 관능적이며 가냘프면서도 기품 있고 멜랑콜리와 발랄함이 동시에 묻어난다. 지극히 남성적인 장면의 한가운데서 한없이 여성스럽다. 게다가 코니예는 그녀의 왼팔을 칼을 잡은 형제의 오른팔과 이어지도록 배치하고 그녀의 얼굴은 또 다른 형제를 향해 살짝 기울이게 해 헬레네가 용사들 사이에 완전히 융화되게 했다.

◎ 그리스 신화 속 쌍둥이들

고대 신화 속 쌍둥이로 추정되는 형제자매를 일일이 열거하자면 많다 못해 끝도 없다. 태초로 거슬러 올라가, 밤의 여신 닉스에게서 태어난 잠의 신 힙노스와 죽음의 신 타나토스가 신화 속 첫 번째 쌍둥이고, 더 유명한 사례로는 제우스와 레토의 사랑 속에 태어난 아폴론과 아르테미스가 있다. 제우스의 아들 헤라클레스도 암피트리톤의 아들 이피클레스와 엄마만 같은 쌍둥이다. 이피클레스는 여러 싸움에서 헤라클레스의 조력자였다. 유명세는 못 누렸지만 포세이돈과 아르네의 아들 아이올로스와 보이오토스, 펠롭스와 히포다메이아의 아들 아트레우스와 티에스테스, 그리고 프리아모스와 헤카베의 아들 헬레노스와 딸 카산드라도 쌍둥이였다. 이아손과 메데이아에게서 난 테살로스와 알키메네스 형제는 안타깝게도 복수심에 눈먼 친어머니 손에 죽게 된다. 그러나 누가 뭐래도 쌍둥이 부문 최고의 스타는 밤하늘의 아름다운 별로 영원히 기억되는 쌍둥이자리의 주인공, 카스토르와 폴리데우케스일 것이다.

키테라 섬의 순례

_장 앙투안 와토

| 신화를 | 말하다 | **아프로디테의**
첫 발걸음이 닿은 곳

오늘날 키티라(고대 명칭은 '키테라')행 배에 승
선하는 여행객들은 펠로폰네소스와 크레타
사이, 에게해에 접한 그리스의 작은 섬이 오
랫동안 그리스 신화 속 이상적인 사랑의 안
식처로 여겨졌다는 사실을 쉽게 상상할 수
없을 것이다. 이곳을 다룬 가장 오래된 기
록은 『오디세이아』의 열 번째 노래에 등장
한다. 호메로스는 여러 섬으로 이루어진 칸
디아(크레타)가 수도 키테라의 관할이었다고
말한다. 『신통기』의 헤시오도스는 여신의
탄생과 그녀가 이 황홀한 섬에 도착한 이야

기를 꺼내며 더 구체적으로 들어간다.

"이렇게 떨어져 나온 불사의 몸의 일부에서 흰 거품이 일더니 젊은 여자가 태어났고, 그녀는 신성한 키테라 섬을 향하다가 다시 파도에 실려 키프로스 섬에 닿았다. 눈부신 미의 여신은 곧 연안에 들어섰다. 그녀의 섬세한 발이 닿는 곳마다 풀이 돋았다. 신과 인간들은 그녀를 거품에서 태어났다는 뜻으로 아프로디테라 불렀고 또 키테라에 먼저 닿았다는 뜻으로 키테레이아라고 부르기도 했다."083

083
『신통기』 191행~

그리고 오랜 시간이 지나 헤로도토스는 아프로디테가 첫발을 디딘 것을 기념하여 이 섬에 사랑의 여신에게 봉헌된 신전이 있다고 알렸다. 이후 이름난 로마 저자들이 신들에게 선택된 이 땅을 노스탤지어에 젖어 숭배했다. 비록 키테라의 명성은 저물고 오랜 세월 기억 너머로 잊혔지만, 그럼에도 모든 시작되는 사랑의 고향이자 절대성을 추구하는 영혼들의 꿈꾸는 땅으로 영원히 남을 것이다. 프랑스인들에게는 하나의 표현이 되어서 '키테라행 배에 오른다'라고 하면 '감미로운 사랑 여행이 시작되었다'라는 뜻이고, 가슴 설레는 사랑의 시작점을 가리키는 말이다.

| 붓질 | 속 | 이야기 |

❶ **사랑의 비상** | 작품 왼편, 하늘과 바다의 푸르름이 저 멀리 수평선에 닿은 산자락 장미를 넘나드는 곳에 푸토084들이 날아다닌다. 이곳에 에로스가 있다는 증거다. 아프로디테가 이 밀회를 조

084
고대 예술에 등장하는 통통한
아기 천사

용히 주관하는 동안 꼬마 신은 온몸을 던져 활약 중이다.

❷ 사랑의 배 | 장밋빛 돛을 단 사랑의 배가 보인다. 선미에는 바다 거품에 서 태어나 커다란 조개껍데기를 타고 방금 뭍에 오른 매혹적인 아프로디 테가 눈에 띈다.

❸ 행복의 색채 | 무지갯빛으로 아롱진 세련된 색감의 옷들은 화려한 사회적 신분이 아니라 사랑에 빠진 연인들의 즐거움을 아련하게 보여준다.

❹ 아프로디테 조각상 | 수풀 사이로 아프로디테 흉상이 보인다. 오직 사랑의 여신만이 이 묘하게 달뜬 분위기를 이해하는 듯하다. 연인들의 여행은 막 시작된 걸까, 끝나가는 걸까? 힘찬 여명의 순간일까, 나른한 석양 무렵일까? 희망이 피어오르는 프롤로그일지도, 혹은 체념의 모퉁이를 돌아 이제 에필로그에 접어드는지도 모른다.

| 그림을 | 말하다 | **와토가 상상한 낭만 가득한 낙원**

산과 나무, 바다가 한데 모인 풍경 속에 우아하고 조용한 행렬이 작은 만으로 향한다. 승선의 장소다. 신화의 주인공이나 장식적인 모티브를 제외하면 이 행렬은 여덟 쌍의 연인으로 이루어져 있다. 대부분 와토의 다른 작품에 이미 등장했거나 소묘나 크로키로 선보였던 인물들이다. 이 대작을 위해 와토는 완벽히 준비된 모델들을 골라온 셈이다.

첫 번째 연인은 은밀한 여행으로의 서곡을 울린다. 남자는 애인의 귓가에 자유로운 사랑이 얼마나 좋은 것인지 속삭인다(여자는 이미 넘어갔는지도 모른다). 다음 단계로 넘어간 두 번째 커플에게는 남녀 사이에 갖춰야 할 우아함이 가득 배어 있다. 남자는 애인의 손을 붙들어주고, 두 사람은 곧 보드라운 이끼로 덮인 숲을 떠나 아름다운 사랑의 배에 오를 것이다. 마지막 세 번째 남녀에게는 그래도 수줍은 듯 방금 전 그 자리를 돌아보는 여인의 시선과 그런 그녀를 배가 출항하려는 해안으로 어서 가자며 부드럽게 재촉하는 남자의 몸짓이 인상적이다. 그러니까 이것은 하룻밤의 꿈이 아니라 오랜 시간 공들여 무르익은 결실의 순간이다.

전체적인 분위기는 우수에 차고 조심스럽고 부서질 듯하다. 한없이 섬세한 터치 속에 행복감이 소곤댄다. 작가는 황금빛 상상의 공간과 그곳을 사푼사푼 줄지어 거니는 생기 있는 인물들을 통해 극도의 세련미와 비현실적인 이상의 절정을 표현하는 데에 모든 재능을 쏟았다. 로코코 미술의 대표적인 거장인 와토의 남다른 세심함이 작품 곳곳에 드러난다. 거의 찾아볼 수 없는 덧칠, 베네치아파와 루벤스를 섞어 놓은 공기원근법, 소박하지만 대단히 폭넓은 색채, 하나하나 역동적인 선들…… 와토는 이처럼 신화의 영감을 빌려 퇴폐적인 궁정 연애의 상징인 유희도를 선보였고 우아함의 최고조에 달한 문화 사조의 마지막을 장식했다.

◎ 그림이 문학을 거칠 때

신화를 신비로운 서정시처럼 표현한 와토의 작품을 공쿠르 형제만큼 멋드러지게 표현한 사람도 없었다. 19세기 후반 프랑스를 주름잡았던 평론가 형제는 그들의 작품 『18세기의 예술L'Art du XVIIIe siècle』에서 와토의 작품을 다음과 같이 표현했다.

"이것은 올림포스이자 새로운 신화다. 고대에는 잊혔던 모든 영웅들의 올림포스다. 사랑은 이 세상의 빛이며 세상에 스며들어 세상을 채운다. 세상의 젊음과 평온을 책임진다. 산과 강, 오솔길과 정원, 호수와 샘을 지나 와토의 낙원이 펼쳐지는 곳. 그곳이 바로 키테라 섬이다. (…) 그곳은 와토의 키테라다. 그곳은 사랑이다. 시적인 사랑, 꿈꾸고 생각하는 사랑, 동경과 우수가 느껴지는 현대적 사랑이다. 그렇다. 이 작품 깊숙이에는 웃음소리 섞인 대화 뒤로 어딘가 느릿하고 어렴풋한 조화로움이 속삭인다."

망자의 섬

_아르놀트 뵈클린

| 신화를 | 말하다 | **그리스인들이 상상한**
내세

죽음…… 그 후엔 무엇이 기다릴까? 이 고
약한 질문 앞에 종교들은 위로 또는 감화가
되는 답을 내놓으려 애썼다. 하지만 그리스
신화는 달랐다. '하계'란 공포와 고통만으로
얼룩진 세계였다. 아킬레우스도 저승에 내
려온 오디세우스를 맞으며 이렇게 말하지
않았던가?

"영리한 오디세우스여, 내 죽음을 위로하지
말게나. 이 모든 어둠 위에 군림하느니 일개
소작농으로 별반 가진 것 없는 어리석은 인
간의 시중을 드는 편이 낫겠네."**085**

아르놀트 뵈클린, 〈망자의 섬〉,
1886년, 캔버스에 유채, 80×150cm, 독일 라이프치히, 조형예술 박물관.

헤시오도스의 『신통기』 또한 이 음침한 세계의 암울함을 그려냈다.

085
『오디세이아』 제11권 486행~

"여기는 어두운 밤의 자녀인 잠과 죽음의 신이 기하고 걸고 햇살이 닿지 않는 곳이다. 잠은 대지와 바다의 너른 등을 타고 흘러 평화롭고 감미롭게 인간에게 다가간다. 그러나 죽음은 강철 심장을 가졌다. 청동으로 된 마음속에는 자비를 모르는 영혼이 숨 쉰다. 그는 한번 붙든 인간을 절대 놓아주지 않으며 불사의 존재들에게도 꺼름칙한 상대다. 그 가까이에는 하계의 신인 위대한 하데스와 냉혹한 페르세포네의 거처가 우뚝 솟았고, 흉측하고 잔인한 개 한 마리가 문을 지킨다. 영악하게도 이 짐승은 들어오는 모든 이에게 꼬리 치며 몸을 부비지만 결코 다시 나가게 두지 않는다. 가만히 살피다가 위대한 하데스와 냉혹한 페르세포네의 문간을 돌아나가려는 자가 있으면 가차 없이 잡아먹는다."086

086
『신통기』 758행~

하지만 그 단계를 지나고 나면 저승에는 기독교의 지옥과 달리 무시무시한 분위기가 조금 누그러진다. 영웅들과 레우케의 안식처 엘리시온 들판이 생겨났기 때문이다. 뵈클린에게 영감을 준 것도 아마 이 행운을 거머쥔 자들의 하얀 섬일 것이다.

| 붓질 | 속 | 이야기 |

❶ **죽음의 배** | 타협을 모르는 죽음의 뱃사공 카론은 여기서 검게 그려졌다. 하얀 수의를 입고 자기 관 앞에 선 망자와 극명히 대조

된다. 항구에 닿기 불과 몇 미터 전, 배는 차가운 마지막 햇살을 받으며 고인들의 땅으로 넘어가는 운명의 경계를 지난다.

❷ **안치소** | 가파른 절벽 곳곳에 칸칸이 구멍이 보인다. 바위에 그대로 뚫어 접근하기도 어려운 이곳은 시체를 묻기 전 잠시 안치해두는 방처럼 보

인다. 그중에는 영원히 감금된 이들도 있어서 분위기는 구슬프기만 하다.

❸ **키다리 실편백** | 지중해 세계에서 장례를 다룬 그림에는 어김없이 실편백이 등장한다. 머나먼 고대부터 오늘날까지 이 나무는 영원의 상징이었다. 사시사철 푸르고 쉬지 않고 열매 맺는 실편백은 향기로운데다 쉽게 썩지도 않아서 관을 만들기에 최적인 목재다. 파수꾼처럼 어둑한 구름을 향해 우뚝 솟은 나무들이 작품의 우울함을 더한다.

| 그림을 | 말하다 | **마음을 짓누르는 풍경**

망자의 섬은 남다른 유명세를 누렸다. 같은 주제로 다섯 점 이상의 작품이 존재할 정도다. 그러나 그럼에도 여전히 설명하기 어려운 구석이 있다. 뵈클린의 관점이 고대 자료 속 망자들의 세계와 완전히 들어맞지 않기 때문이다. 뵈클린 그림과 가장 가까운 문학 자료는 『오디세이아』의 열 번째 노래다. 위험하고 매혹적인 마녀 키르케가 저승으로 떠나는 오디세우스에게 말한다.
"대양을 건너면 프로세르피나의 숲과 작은 섬이 보일 거예요. 그곳에는 키다리 은백양나무와 버드나무가 자라지만 열매는 모두 상해 떨어지지요. 그 해안에 배를 끌고 올라와 플루토가 사는 진창 속으로 들어가세요. 그곳은 플레케톤과 코퀴토스가 아케론으로 흘러드는 곳입니다. 이 요란한 강들이 합류하는 지점에 바위가 우뚝 솟아 있지요."**087**
망자들은 저승을 두르는 얼음같이 차갑고 검은 스틱스 강을 건널 때 뱃사공 카론의 인도를 받아야 했다. 그러려면 뱃삯이 필요했기에 유

087
『오디세이아』 제10권 505행~

족들은 시체의 입에 동전을 물려주곤 했다. 뵈클린은 그 구도를 작품에 담았다. 다만 강을 대양처럼 넓혔고, 텅 빈 수평선 위에는 거대한 바위만 덩그러니 띄웠다. 검은 실편백나무 장벽, 입구를 알리는 두 개의 하얀 기둥 사이 어두운 안뜰, 층층이 쌓인 묘지의 벽감…… 하지만 그보다 더 견디기 힘든 중압감은 보랏빛 하늘에서 느껴진다. 그래서 이곳이 공동묘지를 품은 베니스의 아름다운 섬, 산 미켈레가 아닐까 하던 추측은 깨끗이 무너져 내린다.

◎ 오디세우스의 증언

헤르메스와 디오니소스가 아니라면 올림포스의 신들도 두려워한다는 저승에 감히 발을 들인 영웅들이 있다. 헤라클레스, 테세우스, 오르페우스 그리고 아이네이아스다. 『오디세이아』의 열한 번째 노래에서 오디세우스는 무수한 망자들과 마주쳤을 때 느낀 공포와 슬픔과 경외심을 표현한다. 그는 망자들에게 짐승을 제물로 바치기도 했다.

"망자들에게 내 기도와 소원을 올린 후 동굴에서 희생 제물을 잡아 바쳤습니다. 그곳에 검은 피가 흘렀습니다. 그 순간, 죽은 이들의 혼령이 에레보스에게서 빠져나왔지요. 부녀자, 젊은이, 병약한 노인, 피어보지도 못하고 죽은 것을 통탄해하는 고운 처녀들이 내 주위를 에워쌌습니다. 기다란 창에 찔린 것 같은 이들이 여럿 있었고, 피 묻은 무기를 손에 쥐고 있더군요. 동굴 주위, 사방에서 혼령들이 떼 지어 떠돌며 울부짖는 바람에 아득한 공포가 나를 덮쳤습니다."**088**

088
『오디세이아』 제11권 35행~

피그말리온과 갈라테이아

_안 루이 지로데-트리오종

| 신화를 | 말하다 | **자신의 이상을 사랑했던 남자**

조각가 피그말리온의 아름다운 작품이 진짜 생명을 얻었다는 신화에 대해 오비디우스는 시를 남겨 후대에 전했다. 피그말리온은 외로운 예술가였다. 어느 날 그는 꿈에도 그리던 완벽한 여인을 상아로 조각해서 쓰다듬고 어루만지고 고급 천으로 옷을 지어 입히고 침대에 눕혀 감상하고, 급기야는 사랑의 여신에게 그녀처럼 생긴 아내를 얻게 해달라고 간청한다. 베누스(그리스의 아프로디테)는 매달리는 남자를 결코 실망시키는 법이 없었다. 이후 벌어진 상황에 대해 오비디우스는 자세히 설명했다.

"베누스는 그의 목소리를 들었다. 자신을 기리는 축제를 주관하던 금발의 베누스는 그의 소원이 무엇인지 이해했다. 여신이 베푸는 호의의 표시로 제단 불꽃이 세 번 타오르고 세 번 빠르게 공중으로 솟았다. 피그말리온은 집으로 돌아와 상상 속 연정의 대상을 품에 안았

다. 소파에 몸을 기울이고 조각상에 열렬히 입 맞추었다. 오, 신이시여! 그녀의 입술에 온기가 느껴졌다. 다시 입을 대어보았다. 떨리는 손으로 유방을 만져보았다. 상아가 부드러웠다. 원래의 딱딱함은 사라지고 손가락으로 누르면 눌러졌다. 태양빛이 닿으면 말랑해져서 주무르는 대로 오만 가지 형태의 오만 가지 용도에 따라 빚어지는 히메투스 산의 밀랍 같았다. 피그말리온은 깜짝 놀랐다. 그는 소심하게 행복을 맛보고, 착각이 아닐까 걱정도 했다. 현실이 된 소원을 손으로 누르고 또 눌러봤다. 살아 있었다. 혈관이 생겨나며 피그말리온의 손가락을 밀어냈다. 그제야 비로소 파포스의 예술가는 감격에 겨워 베누스의 발에 엎드려 감사를 쏟아냈다. 더 이상 그는 차가운 입술에 입 맞추지 않아도 되었다. 처녀도 그의 입맞춤을 느꼈다. 분명 그랬다. 얼굴이 발그레해진 것을 보면 알 수 있었다. 그녀는 수줍게 두 눈을 뜨고 하늘과 사랑하는 사람을 쳐다보았다. 둘의 만남은 여신의 작품이었다!"**089**

089
『변신 이야기』 제10권 276행~

| 붓질 | 속 | 이야기 |

❶ 헤라의 후원 | 후경에 어렴풋이 보이는 신상은 아프로디테나 아테나로 자주 소개되지만 실은 헤라 여신이다. 머리에 쓴 왕관과 손에 쥔 뻐꾸기를 보면 알 수 있다. 제우스는 아무리 유혹해도 넘어오지 않던 헤라에게 뻐꾸기의 모습으로 나타나 품에 안겼었다. 하긴 이 그림 속 커플에게 정절의 수호신보다 잘 어울리는 후원자가 또 있을까?

❷ 꼭 필요한 불청객 에로스 | 두 사람 눈에는 보이지 않겠지만 둘 사이에

파고든 꼬마 신 에로스는 이 모든 기적이 아프로디테 덕분이라고 말한다. 이상적인 아내 외엔 무엇도 바라지 않던 행운아 피그말리온은 이미 머리에 월계수까지 둘렀다.

❸ **그 자체로서의 미인** │ 그리스 신화의 세계는, 특히 여신들에 관해서라면 그 자체로 미인 대회를 방불케 한다. 하지만 갈라테이아의 완벽한 나신은 그중에도 절대미라 불릴 만하다. 고대 조각가의 후손답게 이 사실을 너무나 잘 알고 있던 지로데는 여느 때와 달리 그녀에게만큼은 아무 상징물도 그려 넣지 않았다. 목걸이, 팔찌, 리본 하나 없이 자연과 신들에게 받은 그대로의 광채만 담았다.

│ **그림을** │ **말하다** │ **보는 것만으로 상상할 수 있는 질감 표현**

우아함과 조화로움의 결정체인 이 작품을 위해 지로데는 자그마치 육 년 넘게 공을 들였다. 이것이 그의 유작이기도 하다. 그림 중앙에는 키프로스의 왕이었다는 피그말리온과 그가 기도한 결과 생명을 갖게 된 갈라테이아가 환한 광채 속에 서 있다. 후경에 보이는 신전과 신상은 조각상의 변신에 사랑의 여신이 관여했음을 넌지시 일러준다. 하지만 여신은 정작 그림에서 모습을 감춘 채 꼬마 신 에로스를 보내는 것으로 대신했다. 에로스는 활과 화살 없이 날개를 달고 나타났다. 지로데가 묘사한 갈라테이아의 모습은 회화 역사상 여성 나체화의 정점을 찍는다. 화가는 능수능란한 질감 표현으로 그녀의 우아한 나신을 상아처럼 매끄럽게 표현해냈고, 동시에 놀랍도록 부드러운 살결을 입혀서 얼떨떨한 표정의 피그말리온이 자기도 모르게 손을 뻗게 만들었다. 눈앞의 여인과 달리 피그말리온은 붉고 풍성한 토가를 걸친 채 오른쪽 어깨만 내놓았다. 올림포스 신들도 감동한 그의 점잖은 행실을 상징적으로 보여주는 차림새다. 표정에는 감격에 겨운 의구심 외에 다른 흔적을 찾을 수 없다. 물론 피그말리온의 손끝은 갈라테이아의 보드라운 가슴을 향하지만 그의 표정을 보면 그저 눈앞의 현실을 확인하고픈 순진한 손짓에 불과하다는 것을 알 수 있다. 갈라테이아가 아직도 기단 위에 서 있으니 믿기지 않을 수밖에! 그 발 옆의 화병과 향로, 월계수와 리본 끈은 상아 조각상을 향한 피그말리온의 헌신을 그대로 보여준다. 그러던 그녀가 문득 살아 움직이는 것이다. 그리고 이 장면을 내려다보는 하늘 저편, 올림포스 산이 보인다. 한 인간에게 꿈이 현실이 되는 행복을 선사해준 신들의 나라다.

◎ 세 번째 갈라테이아

아프로디테가 생명을 불어넣어준 조각상과 키클롭스 폴리페모스의 마음을 사로잡았던 바다의 님페(122쪽) 말고도 그리스 신화에는 또 다른 갈라테이아가 등장한다. 이 세 번째 갈라테이아의 미스터리한 사연은 여러 고대 작가들에게 영감을 주었다. 그녀는 남편이자 목동인 람프로스의 아이를 가졌지만 불행히도 남편은 아들이 아니면 기르지 않겠다고 으름장을 놓는다. 하지만 운명의 장난은 그녀에게 딸을 점지해주었고, 갈라테이아는 진실을 숨긴 채 아이에게 레우키포스라는 남자 이름을 지어주고 사내처럼 키운다. 아이는 점점 자라 어엿한 숙녀가 되어 가는데 언제까지 계속 거짓말을 할 수 있을까? 기댈 언덕은 레토 여신뿐이었다. 레토는 매달리는 갈라테이아를 불쌍히 여겼고 딸을 아들로 바꿔준다. 성별을 바꾼다는 것은 꿈도 꾸지 못하던 시절의 이야기다.

에바 프리마 판도라

_장 쿠쟁

| 신화를 | 말하다 | **모든 선물을 받은 자**

『비블리오테케』에 따르면 판도라는 '최초의
여자'다. 그녀에 대한 자료는 다양하지만 정
확성이 떨어지는 편이다. 그러나 한 가지는
확실하다. 인간에게 불을 제공한 대가로 제
우스에게 형벌을 받은 프로메테우스(68쪽)에
게는 아들 데우칼리온이 있었고, 그가 중요
한 역할을 했다는 것이다. 신들이 홍수를 내
려 그리스를 물바다로 만들자 데우칼리온과
그 아내 피라는 방주로 피신했다. 배는 파르
나소스 산에 정박한다. 그리고 거기서 돌을
주워 던지자 데우칼리온의 돌은 남자가 되
고 피라의 돌은 여자가 된다. 판도라는 다만

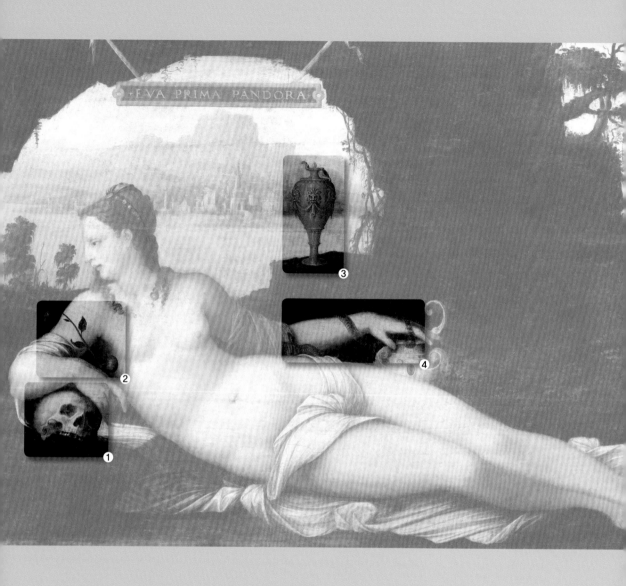

EVA PRIMA PANDORA

피라의 어머니이자 '최초의 여자'로 언급되나 그 이상의 설명은 없
다. 따라서 『비블리오테케』의 간단명료한 설명은 소실된 머나먼 고
대 신화를 암시적으로 뒷받침할 뿐이다. 헤시오도스의 『일과 날』에
서 우리가 더 잘 아는 이야기가 나온다. 프로메테우스의 개입으로 신
들이 분노하여 인간의 오만함을 벌하기 위해 최초의 여자 판도라를

만들었다는 것이다. 솜씨 좋은 헤파이토스가 진흙으로 여자를 빚자, 아테나는 생기를 불어넣고 손재주를 가르치고 옷을 입혔다. 아프로디테가 아름다움과 매력을 주었고, 아폴론은 그녀를 완벽한 음악가로 키웠으며, 시간의 여신 호라이는 화관을 씌워주었다. 그러나 헤르메스가 전수한 것은 거짓말이었다. 이렇게 탄생한 최초의 여자가 판도라(모든 선물을 풍족히 받은 자)로 불리었으니, 이보다 더 적절한 이름이 또 있을까? 헤르메스는 그녀를 인간세계로 데리고 내려가 프로메테우스의 동생 에피메테우스에게 아내로 주었고, 결혼 지참금으로 항아리를 하나 남겼다. 노화, 질병, 전쟁, 기근, 가난…… 그 안에는 인간을 괴롭힐 모든 악이 들어 있었다. 절대 열어보지 말라는 경고문이 붙어 있었지만 신들에게 선택받은 여자의 마음은 이미 호기심으로 불타올랐다. 잠시라도 열어보지 않고선 배길 수가 없었다. 그리하여 결국 치명적인 실수를 저지른다. 항아리를 빠져나온 재앙과 악덕은 온 세상에 퍼지고, 어두운 항아리 바닥에는 희망만이 남겨진다.

─────────────────────────────

| 붓질 | 속 | 이야기 |

❶ **메멘토 모리의 해골** | 성화 속 막달라 마리아가 늘 해골을 지니고 있듯 판도라는 이 덧없는 인생의 상징물에 지긋이 팔꿈치를 괸다. 그녀가 말하려는 것은 인생무상이 아니다. 짧기만 한 삶에서 마음껏 기쁨과 즐거움을 누리라는 권고다. 자유로운 나신이 설득력을 높인다.

❷ 원죄의 추억 | 무심하게 구부린 오른팔에 어린 열매를 단 사과나무 가지 하나가 보인다. 원죄라는 성서적 도그마가 또 한번 두드러진다. 피렌체 르네상스에서 한 세기가 지난 16세기 프랑스는 신화를 다룬 고대 기록과 성경적 유산을 하나로 묶으려 애썼다.

❸ 판도라의 화병 | 볕이 환한 동굴 입구에 운명의 화병이 서 있다. (본래 그리스 신화에서는 화병이 아니라 암포라였다.) 그림에서 유일하게 원색으로 칠해진 모티브다. 섬세하게 세공된 이 화병에는 인간을 괴롭힐 모든 악이 아직은 그대로 담겨 있다. 하지만 뚜껑이 열린 후엔 희망만이 남을 것이다. 어쩌면 희망의 다른 말은 불행 자체보다 더 괴로운 '불행을 기다리는 시간'이 아닐까.

❹ 팔을 휘감은 뱀 | 판도라를 성서 속 하와와 비교하는 것은 16세기 이후 근대문학에서 흔히 나타난다. 효과를 확실히 하기 위해 이 작품에서는 여자의 왼팔에 음산하게 뱀을 휘감았다. 곁에 놓인 향유병은 변덕스러움과 경솔함의 상징으로 불길함을 고조시킨다.

| 그림을 | 말하다 | **매너리즘도 왜곡시키지 못한 최초의 여자**

프랑스 르네상스의 손꼽히는 걸작 〈에바 프리마 판도라〉⁰⁹⁰는 회화 역사를 통틀어 여성의 나신을 가장 멋지게 그려낸 작품 가운데 하나다. 동시에 퐁텐블로파 매너리즘의 거장임에도 자료가 많지 않은 장 쿠쟁의 유일하게 확실한 유작이다. 작품 제목은 간단하고 모호하다. 평온해 보이는 묘령의 여인, '인류 최초의 여자'는 성서 속의 하와와

090
그림 상단, 판도라의 머리 위에 직접 새긴 제목

신화 속의 판도라를 동시에 떠올리게 한다. 베네치아 회화 특유의 포즈로 어두운 동굴 입구에 무심히 기대 누운 판도라는 관능적인 몸을 정면에 내보이고 고운 얼굴을 그리스인처럼 옆으로 돌렸다. 늘씬한 몸매와 가녀린 손목과 발목이 인상적이다. 옷이라고는 천 한 장뿐이지만 호화로운 머리띠가 우아함을 더한다.

중세시대 성상 조각가들이 차마 하와를 추하게 만들지 못했듯이, 매너리즘의 대가 쿠쟁도 이 현대적 판도라를 볼품없게 그릴 순 없었다. 아니, 오히려 그림 속 젊은 여인은 15세기 이탈리아 화가들에게 물려받은 원근법을 완벽히 재현해낸 공간 속에 타고난 우아함과 관능미를 온몸으로 내뿜는다. 완벽한 기교로 빚은 살결은 왼쪽에서 슬며시 비쳐오는 햇살에 빛이 난다. 아담한 가슴이 약간 위쪽에 자리하고, 허리는 적당히 잘록하고, 다리는 늘씬하고 육감적이다. 하와든 판도라든, 경솔하고 호기심 많은 이 여인이 인간에게 온갖 불행을 몰고 온 것만은 변함이 없다. 그럼에도 불구하고 인간은 그림 속 그녀에게 행복에 필요한 모든 것을 후하게 베풀어 주었다. 참으로 희한한 일이다.

여인과 대조적으로 주변 풍경은 볼품없다. 음습함에 절은 컴컴한 동굴, 아늑함 따윈 없는 돌바닥, 으스스하게 뻗은 식물들. 동굴 너머 푸르스름한 잿빛 호수는 매력적인 구석이 하나도 없고, 건너편의 이름 모를 도시도 최소한의 생기나 빛깔마저 잃었다. 그 뒤에는 아크로폴리스를 닮은 거대한 형체와 하늘에 닿은 산줄기가 안개 속에 쓸쓸히 흩어진다.

추락하는 이카로스가 있는 풍경

_피터르 브뤼헐

| 신화를 | 말하다 | **신들의 법칙에 맞선 말로**

신들의 법칙에 맞선 최초의 천재 다이달로스는 살인죄로 아테네에서 쫓겨났다. 그 후 크레타 섬의 크노소스로 피신해서 미노스 왕궁의 그 유명한 라비린토스를 설계한다. 하지만 왕비 파시파에가 포세이돈이 보낸 흰 소와 기괴한 관계를 맺는 데 일조한 죄로 자신이 그곳에 갇히는 신세가 되고 말았다. 탈출을 궁리하던 다이달로스는 감시의 눈길이 닿지 않는 기상천외한 경로를 택했다. 하늘 길이었다. '하늘을 난 첫 번째 인간'에 대한 신화는 여러 곳에서 다루고 있지만 상세함으로 보나 서정성으로 보나 『변신 이야기』만큼 잘 나타내는 작품이 없다. 오비디우스는 다이달로스가 날개를 제작하고 자신과 아들 이카로스의 어깨에 맞추어 다는 과정을 자세히 묘사한다. 이어서 철부지 아들을 향한 아버지의 애타는 당부

피터르 브뤼헐, 〈추락하는 이카로스가 있는 풍경〉,
1558년경(원본 소실, 1600년경 제작된 복제품), 목판에 유채, 캔버스로 옮김.
73.5×112cm, 벨기에 브뤼셀, 왕립미술관.

를 덧붙인다.

"이카로스야, 이 아비가 일러두거니와, 중간 높이를 유지해라. 너무 낮게 날면 파도에 날개가 묵직해지고, 너무 높이 날면 열기에 날개가 타버릴 것이다. 이 두 장애물 사이를 날아야 한다."[091]

091
『변신 이야기』 제8권 203행~

출발은 더없이 순조로웠다. 어부, 농부, 목동, 많은 이들이 땅에서 멀어져가는 두 사람을 넋 놓고 쳐다봤다. 크레타를 벗어나 여러 섬들을 지날 무렵, 운명은 상황을 비극으로 몰아넣는다.

"어린 이카로스는 공중을 난다는 우쭐함과 하늘에 닿고픈 욕심에 취해 그만 아버지 뒤를 따르다 말고 더 높이 비상했다. 그러자 너무 가까워진 태양의 열기가 냄새도 좋은 밀랍을 말랑하게 만들더니 날개의 연결 부위를 녹여버렸다. 그는 벗겨진 두 팔을 흔들었지만 든든히 받쳐주던 깃털이 사라지니 기댈 곳을 잃고 허공을 허우적댔다. 그의 입은 아버지 이름을 연거푸 불렀고, 그의 몸은 바다 깊이 추락했다. 바다는 이카로스의 이름을 따서 불리게 되었다."[092]

092
『변신 이야기』 제8권 222행~

| 붓질 | 속 | 이야기 |

❶ **땅 위의 무관심한 목격자들** | 평민의 삶에 늘 관심을 기울이던 브뤼헐은 이 작품을 통해 땅을 일구는 농부의 모습을 기가 막히게 그려냈다. "목동은 지팡이에, 농부는 쟁기에 몸을 의지한 채 날개를 단 여행자를 넋 놓고 바라보며 그들을 신으로 믿었다"[093]라고 했던 오비디우스의 글귀가 떠오르지만 여기서는 묘한 무관심이 지배적이다. 방금 전 비극은 아무 일 없었다는 듯 잊히고, 모두 각자의 생업으로 돌아갔다.

093
『변신 이야기』 제8권 217행~

❷ 시대가 어긋난 범선 ｜ 이 그림이 엄연히 신화 속 한 장면임을 생각할 때, 농기구보다 더 놀라운 것은 범선의 출현이다. 15세기 초 포르투갈에서 발명한 범선은 선체가 높아 대양의 파도를 견디기에 적합했고 유럽인들에게 세계 정복의 꿈을 심어주었다. 해안을 따라 돌던 연안 항해에 드디어 마침표를 찍은 것도 범선이었다. 따라서 그전까지는, 특히 지중해를 중심으로 활동하던 고대에는, 연안 항해를 벗어날 수 없었다.

094
『변신 이야기』 제8권 217행~

❸ **놀랍도록 자의적인 해석** | 추락한 이카로스가 물에 삼켜지는 맞은편, "한 어부가 갈대를 흔들어 물고기에게 미끼를 던진다"**094**라고 오비디우스가 묘사했지만 브뤼헐은 딱히 개의치 않은 듯하다. 중세의 막이 내릴 무렵, 기독교는 위세를 떨쳤고 이미 신화는 그 마력을 잃은 후였다.

| 그림을 | 말하다 | **농민의 브뤼헐이 본 신화**

진위 여부를 둘러싼 많고 많은 논란에도 불구하고 브뤼헐의 작품은 신화와 민담에서 영감을 받던 브뤼헐 특유의 관점을 보여준다. 붉은 셔츠를 입은 농사꾼의 옆모습은 그 자체로 중세의 쇠퇴를 보여주는 은유다. 농기구는 근대로 넘어왔지만 몸짓은 여전히 예스럽다. 원근법으로 표현한 내리막길은 작품에 근대적인 역동성을 불어넣는다. 이 장면은 비극이 일어난 순간을 일시 정지 화면처럼 담고 있다. 하지만 시간은 노동과 계절이라는 영구한 순환 속에서 그 단조로운 힘을 되찾는다. 목동의 포즈도 여기에 한몫한다. 그 곁에는 복잡한 인간사 따위 아랑곳 않는 무심한 양떼가 따뜻한 볕을 받으며 한가로이 풀을 뜯는다.

여기까지 훑고 나면 우리 시선은 저 뒤편 밝고 넓은 배경으로 넘어간다. 보랏빛으로 옅게 물든 하늘. 안개 낀 바다와 흐릿한 산자락에 새벽 해가 빛을 뿌린다. 왼편의 도시와 항구는 어디나 빠지지 않는 인간의 존재를 과신한다. 그러고 나면 비로소 오른편에 이상한 움직임이 눈에 띈다. 맨발로 허우적대다 사라져가는 두 다리가 보인다. 주변은 태평하다. 어부도 목동도, 심지어 나무에 앉은 자고새마저 경솔한 인간에게 신경 쓰지 않는다. 오만함의 대가는 참으로 잔인하다.

여기서는 자유로운 유토피아와 그에 대한 쓸쓸한 체념이 대립한다. 그러나 거친 현실에 부딪혔다 해서 꿈의 실패를 말하기에는 이르다. 비록 이카로스는 심연으로 가라앉지만 그 곁의 범선은 모든 두려움과 금기를 거슬러 모험을 이어나간다.

095
『변신 이야기』 제8권 227행~

같은 주제 다른 그림

◈ 빅토리아 시대의 이카루스

허버트 제임스 드레이퍼, 〈이카로스를 위한 애도〉, 1898년, 캔버스에 유채, 180×150cm, 영국 런던, 테이트 갤러리.

이 걸작에서 드레이퍼는 이카로스를 통해 남성의 몸을, 님페들을 통해 여성의 몸을 찬미했다. 작가는 따뜻함이 진하게 배어나는 색조와 극적인 빛의 효과를 동원하되 주인공에게는 그을린 피부를 부여했다. 함부로 태양에 범접한 대가다. 여기에 극명한 대조를 이루는 것은 그를 애도하는 아리따운 여신들이다. 그 피부가 희고 관능적이다. 배경 속 세상은 열기에 물들었다. 그래서 광경이 한층 처참해 보이는 효과가 있다. 화려한 날개는 시선을 사로잡지만 실제 신화와는 분명 동떨어져 있다. 출처를 불문하고 이카로스의 날개는 밀랍이 녹자마자 떨어져나간 것으로 되어 있지 않던가? 그 최후의 순간, 불운한 주인공은 "벗겨진 두 팔"095로 허공을 휘젓다가 허무하게 추락해야 했다.

오르페우스와
에우리디케가 있는 풍경

_니콜라 푸생

| 신화를 | 말하다 | **사랑하는 것을 잃는 순간**

서사시를 관장하는 무사이 칼리오페에게서
난 오르페우스는 고대 음악을 대표하는 인
물로 이름을 날렸다. 어릴 적부터 천재적인
서정성을 발휘한 덕에 아폴론에게 현 일곱
개짜리 리라를 선물받았고, 이 악기를 연주
할 때면 맹수와 거친 초목, 험준한 바위마저
감동했단다. 황금 양털을 찾아 떠난 전설적
인 원정대 아르고호의 일원이었으며 자랑할
만한 무용담도 한두 개가 아니다. 황금 양털
을 지키는 무시무시한 용을 잠재웠고, 세이
레네스의 노래를 능가하는 연주로 요정들을
심통 나게 한 적 있다. 그러나 이 작품에서

푸생이 선택한 순간은 격랑이 잦았던 오르페우스의 일생에서도 가장 비극적인 순간인 아내 에우리디케의 죽음이다. 그날의 참사를 『비블리오테케』는 한마디로 기록한다.

"어느 날 그의 아내 에우리디케가 뱀에 물려 죽었다."[096]

096
『비블리오테케』 제1권 3장 2번

반면 오비디우스는 하필이면 이 슬픔이 오르페우스와 그의 사랑하는 님페의 결혼식에 찾아왔다며 보다 자세한 정황을 들려준다.

"오르페우스가 히메나이오스를 초대했지만 결과는 허망했다. 혼인의 신은 분명 나타났다. 그러나 신성한 말, 미소 띤 얼굴, 행복의 전조를 가져오지 않았다. 그가 흔드는 햇불마저 타닥타닥 불똥을 튀기며 자욱한 연기만 뿌려댔다. 히메나이오스가 아무리 햇불을 흔들어도 불꽃이 살아나지 않았다. 이것은 더 처참한 불행의 전조였다. 새 신부가 나이아데스와 함께 꽃이 핀 풀밭을 뛰놀다 그 우아한 발을 뱀에게 물리고 만 것이다. 그리곤 숨을 거두었다."[097]

097
『변신 이야기』 제10권 3행~

비탄에 잠긴 오르페우스는 신들에게 간청했고 저승에서 아내를 데려올 기회를 얻었다. 단, 빛의 세계로 돌아올 때까지 결코 아내를 돌아보아선 안 되었다. 그러나 한순간의 실수로 약속은 깨지고, 젊은 여인은 어두운 망자의 세계에 영원히 갇히고 만다.

| 붓질 | 속 | 이야기 |

 뱀의 저주 | 풀밭 위, 보일 듯 말 듯한 작은 뱀이 에우리디케의

발꿈치를 물었다. 치명상을 입은 그녀는 공포에 질렸다. 푸생의 작품에서
불행을 상징하는 뱀은 차갑고 무심한 자연을 대변한다. 몇몇 역사학자들
이 이 작품과 쌍벽을 이룬다고 평하는 〈뱀에 물려 죽은 사람이 있는 풍경〉
과 끔찍한 광경을 다룬 〈대홍수〉에서도 뱀은 죽음을 부르는 동물로 그려
진다. 어쩌면 작가는 노후에 접어들며 모든 인생의 끝자락에 찾아오는 형
이상학적 고뇌를 느꼈는지 모른다.

❷ 하드리아누스의 영묘 | 목가적 풍경 한가운데 로마의 산 탄젤로 성이라니, 고개를 갸웃거리게 된다. 그러나 산 탄젤로 성이 본래 아우구스투스의 묘와 짝을 이루는 하드리아누스[098]의 묘라는 사실을 기억해야 한다. 이 거대한 성채는 139년 안토니누스 피우스가 완공했고, 이후 초기 용도에서 벗어나 도시를 방어하는 요새 역할을 하게 되었다. 기독교인들에게는 천사장 미카엘이 흑사병을 물리쳐준 장소이기도 하니, 치유 불가능한 비극의 배경으로 선택된 이유를 가늠해볼 수 있다.

098
로마제국의 14대 황제로 5현제 중 한 사람이다.

❸ 어스름한 저녁 | 연기가 마치 화형대에서처럼 하늘로 치솟고 무거운 먹구름이 또 그 위를 짓누르는 기이한 풍경이다. 해는 이미 기울었다. 시작도 끝도 없는 밤이 하루의 종말을 고한다. 그리고 이제 겨우 아침을 맞은 인생에게도 마지막을 고한다.

❹ 운명을 노래하는 고독한 시인 | 그림 속 가장 수수께끼 같은 인물은 바로 오르페우스다. 창작의 기쁨에 도취되어 불과 몇 미터 앞에서 벌어진 참사를 보지도 듣지도 못했다. 마치 오르페우스가 사랑하는 아내의 죽음을 목도하고 괴로워하기는커녕 스스로에게만 몰두해 이 순간을 고독한 즉흥곡으로 풀어내는 듯하다. 그를 둘러싼 세상은 그저 머릿속 상상에 불과해 보인다.

| 그림을 | 말하다 | **목가적 풍경에 숨겨진 삶의 진실**

고대에서 영감을 끌어오던 당대 분위기에 맞게 푸생은 오비디우스의 『변신 이야기』에서 작품의 모티프를 찾았다. 혼인의 신 히메나이

오스가 오르페우스와 에우리디케의 비극적인 결혼식에 참석했다. 그러나 그가 가져온 횃불은 매캐한 연기만 내뿜었고, 그 연기는 여기서 산 탄젤로 성을 꼭 닮은 키코네스 성의 머리를 덮었다. 오르페우스가 발치에 앉은 두 나이아데스를 위해 리라를 연주하고 히메나이오스도 우두커니 서서 귀 기울이던 그때, 에우리디케가 자신을 물고 달아나는 작은 뱀을 발견했다. 그녀는 겁에 질렸다. 같은 시각, 저 뒤편 조그맣게 보이는 사람들은 물결도 잔잔한 강가에서 유쾌한 한때를 보낸다. 이편에서 무슨 일이 났는지 아직 알지도 못하고 관심도 없다. 배경을 이루는 바위산과 들판에는 밝은 햇살이 비치는 반면, 무성하도록 우거진 오른쪽의 작은 숲에는 기괴한 분위기가 감돈다. 푸생이 뛰어난 정물화 솜씨를 발휘해 리라를 타는 시인의 옷과 화살통, 꽃과 화관과 화병까지 그려 넣었지만 묘한 느낌이 가시지 않는다.

전체 작품은 감각적인 빛에 잠겨 있다. 왼쪽 아래편 모서리의 삼각형 그림자가 그 효과를 끌어올리며 생사를 잇는 오묘한 순환을 부각시킨다. 삶과 죽음, 그것은 힘과 이성이며, 동시에 혼란과 고통이다. 그 어디보다 유쾌하고 평온한 삶의 무대여야 할 목가적 풍경에 느닷없이 죽음이 들이닥치고, 인간의 운명이 본디 무엇인지 환기시킨다. 찰나에 불과한 삶이다. 검은 연기, 먹구름, 바위산도 분명 복선을 깔지만, 전경에서 유유자적 평화로운 한때를 보내는 이들도 어딘가 비현실성을 더한다. 푸생이 신화를 통해 가장 달콤한 꿈과 가장 끔찍한 악몽의 절묘한 만남을 주선한 것은 결코 우연이 아니다. 이처럼 작가는 고대 유산을 통해 합리적 절대주의를 추구했고, 베르사유 궁전 건축가들과 동일한 업적을 거두되 이십여 년을 앞서갔다.

스핑크스의 수수께끼를 푸는 오이디푸스

장 오귀스트 도미니크 앵그르

장 오귀스트 도미니크 앵그르,
〈스핑크스의 수수께끼를 푸는
오이디푸스〉,
1827년, 캔버스에 유채,
189×144cm,
프랑스 파리, 루브르 박물관.

| 신화를 | 말하다 | **승리는 승리가 아니다**

이 괴물이 처음 등장한 작품은 『신통기』다. 저자 헤시오도스는 괴물의 이름과 족보와 성별을 이렇게 밝힌다.

"에키드나가 오르트로스와 관계를 맺어 여자 스핑크스를 낳았다."099

이렇듯 그리스어 단어에는 스핑크스가 암컷으로 밝혀져 있지만 프랑스어의 스핑크스는 수컷을 가리킨다. 다만 그림이나 조각에 대해서는 '여자 스핑크스'라는 단어가 쓰이곤 한다.

신화와 인간이 만날 때면 으레 그렇듯 모든 사연은 신탁에서 시작된다. 테바이 왕 라이오스와 그의 아내 이오카스테는 곧 태어날 아들이 아버지를 죽이고 어머니와 결혼하리라는 예언을 듣는다. 근심에 빠진 왕과 왕비는 아이를 산속에 버린다. 이때 아이 발목에 구멍을 뚫어 나무에 매어둔 연고로 아이 이름이 오이디푸스(부은 발)가 되었다. 하지만 오이디푸스는 기적적으로 생존했고, 자신이 누구지도 모른

099
『신통기』 326행~

242

채 코린토스에서 자라다가 테바이로 돌아온다. 그리고 우연처럼 라이오스를 죽이고 만다. 여기에 분노한 헤라 여신이 스핑크스를 보냈고 괴물은 난해한 수수께끼로 일대를 공포에 몰아넣는다.

"목소리는 하나인데 아침에는 네 발, 낮에는 두 발, 저녁에는 세 발인 것은?"

여기에 답하지 못한 사람은 누구든 즉시 잡아먹히고 말았다. 상황이 이러하자 라이오스를 뒤이어 왕이 된 크레온은 문제를 푸는 사람에게 왕위를 약속했고 이오카스테를 아내로 주기로 한다. 곧 해결사가 나타난다. 오이디푸스였다.

"답은 인간이다. 어릴 때는 기어 다니니 네 발이고, 자라서는 걸어 다니니 두 발이고, 늙어서는 지팡이를 짚으니 세 발이다."

일이 틀어지자 스핑크스는 제 분에 못 이겨 절벽에 몸을 던졌고, 오이디푸스는 이오카스테를 아내로 맞는다. 본의 아니게 아버지를 죽였듯, 어머니와도 근친상간을 하게 된 것이다. 이 비극적 관계에서 에테오클레스, 폴리네이케스라는 두 아들과 안티고네, 이스메네라는 두 딸이 태어난다.

| 붓질 | 속 | 이야기 |

❶ **기괴한 스핑크스** | 고전인문학을 연구한 앵그르는 테바이 입구를 지키는 괴물에 대한 고대 문헌의 기록을 무시할 수 없었다. 그래서 이 스핑크스는 『비블리오테케』의 묘사에 충실하게 그려졌다. 고전미 가득한 아름다운 여자 얼굴, 사자를 닮은 발과 꼬리(앞으로 내민 것이 보인다), 여기에 새의 날개가 더해져서 혐오스러운 몰골을 완성한다. 그러나 가슴은 전설 속 '짐

승'의 모습이 아니라 '인간' 여자로 그려졌다.

❷ 완벽한 나체 | 오이디푸스의 완벽한 몸에는 그럴 만한 이유가 있다. 프랑스 아카데미의 국비 장학생으로 로마에서 유학하던 청년 시절, 앵그르는 훌륭한 남성 누드화를 과제로 제출한다. 그는 모델에게 근육이 섬세하게 잘 살아난 포즈를 요구했다고 한다. 지금 우리가 보는 1827년 작품은 그 시절 습작을 발전시킨 것인데, 몸매의 조각 같은 느낌을 줄이고 표정을 풍부하게 살린 것이 큰 차이점이다.

❸ 배경 속 인물 | 배경 속 허둥지둥 줄행랑치는 사람은 두 가지 면에서 중요한 역할을 한다. 우선, 영웅처럼 강심장을 지니지 못한 범인들이 괴물을 보는 것만으로도 얼마나 극심한 공포를 느끼는지 알려준다. 또 한편으로는 테바이가 내려다보이는 밝은 공간으로 우리 시선을 이끈다. 운명의 장난에 휘말린 오이디푸스가 제 손으로 죽인 아버지 대신 통치하게 될 도시다.

❹ 잔인한 식성이 남긴 유골 | 왼쪽 바닥에 널린 해골과 뼈들은 수수께끼를 풀지 못한 이들이 스핑크스에게 잔인하게 잡아먹혔음을 보여준다. 바위 틈에 비죽 솟은 발은 아직 멀쩡해서 더욱 끔찍하다. 아마도 테바이 왕 크레온의 아들 하이몬의 시신일 것이다.

| 그림을 | 말하다 | 힘보다는 기지 가득한 영웅

앵그르는 괴물의 몸집을 줄이고 인간의 육체미를 강조하여 이 신화의 독특한 면을 부각시켰다. 헤라클레스, 테세우스, 페르세우스가 고르고노스부터 레르네의 히드라까지 온갖 괴물과 힘으로 싸워 이겼다면, 오이디푸스는 오직 머리로, 기지를 겨뤄 무찔렀다. 그림 속 장면은 아주 단순하다. 오른쪽 귀퉁이만 볕이 드는 바위 협곡에 한 남자가 서 있고, 그 앞 석단 위에 스핑크스가 있다. 주인공의 결연함이 돋보이도록 뒤편에는 기겁해서 도망치는 목격자를 배치했다. 또한 스핑크스의 질문에 답하지 않으면 안될 절박한 이유를 기억하도록 바닥에 뼈와 해골을 쌓아두었다. 먼저 왔던 도전자들의 유골이다.

그리스 신화에서 도시는 무척 중요하게 다뤄진다. 여기서도 오른쪽 아래 협곡 사이에 단순하나마 테바이 풍경이 보인다. 장차 오이디푸스가 다스릴 왕국이다. 그의 건장한 나신은 체력을, 빈틈없는 표정은 사고력을 증명한다. 환하게 빛을 받은 옆모습에 붉은 천이 (아주) 슬쩍 걸쳐져 풍성한 주름으로 떨어진다. 오른손에 쥔 창 두 자루는 전사로서의 용맹함을 보여주지만 이 싸움에선 딱히 쓸모가 없다는 것을 오이디푸스 자신도 잘 알고 있다. 그러나 아직은 신고전주의이면서 동시에 이미 상징주의이기도 한, 두 사조를 아우르는 앵그르 특유의 화풍이 여실히 드러난 부분이다. 또한 신화라는 테마가 힘겨루기 이상의 그 무엇을 담고 있다고 말하는 장치이기도 하다.

◎ **기자의 스핑크스**

많은 이들의 머릿속에 남아 있는 스핑크스의 원형은 이집트 기자의 피라미드 곁을 지키는 조각상이다. 이 웅장한 작품은 기원전 2600년경 자연석을 통째로 깎아 만들었기 때문에 전체 길이 57미터가 한 덩어리로 되어 있으며 카프레 왕의 머리를 한 엎드린 사자가 꼿꼿이 고개 든 형상이다. 파라오의 권력과 정의를 상징하고 신성한 나일 강을 바라보는 이 조각품을 그리스인들은 잘 알고 있었던 것이다. 그리스 신화에서와 다른 점은 이집트 스핑크스가 수컷이라는 점이다.

파리스와 헬레네의 사랑

_자크 루이 다비드

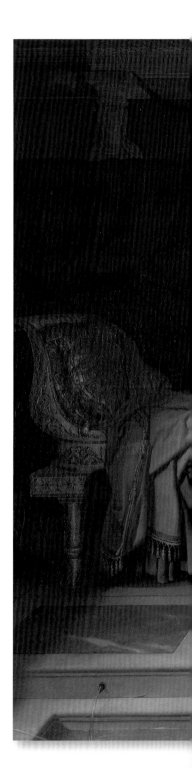

| 신화를 | 말하다 | **미려함이 전부였던 왕자**

고대 그리스의 지리학자이자 여행가였던 파우사니아스는 『그리스 이야기』에서 델포이에서 목격한 폴리그노토스의 그림에 관해 설명하며 트로이 영웅을 이렇게 묘사한다.

"사르페돈과 멤논의 뒤편에는 파리스가 그려져 있었다. 아직 젊고 수염도 없는 그는 촌사람 같은 모양새로 손뼉을 치고 있었으며, 그 소리로 펜테실레이아를 가까이로 부르려는 듯했다."[100]

다비드의 파리스는 분명 이 대목에서 영감받은 것이다. 유약하고 음악을 사랑하며 섬세하지만 세련되지는 못한 젊은 왕자는 전사보다 부드러운 연인이 어울린다. 하긴 세 여신 앞에서 위험한 판결을 내릴 때에도 이미 충분히 느껴지지 않던가?(194쪽 참조) 그러나 용맹과는 거리가 먼 미소년의 화살촉이 그리스 최고의 용사 아킬레우스를 쓰러뜨린다. 물론 아폴론의 도움을 받았다곤 하지만, 그렇게 따지면

아킬레우스도 아테나의 꼼수 덕분에 헥토르를 이기지 않았던가? 호메로스의 『일리아스』는 바로 그 헥토르의 입을 빌려 헬레네의 예쁘장한 애인에 대해 평가한다.

"괘씸한 파리스여, 외모만 믿는 계집애 같은 용사여, 비겁한 유혹자여!"[101]

"신성한 외모의"[102] 파리스는 이 명령 앞에 겸손하고 진심어린 답변을 한다. 그도 헬레네를 향한 자신의 사랑이 모든 도의를 저버리는 행위임을 알고 있었다.

"헥토르여, 형의 질책은 조금도 틀린 것이 없고 내가 받아 마땅하오. 하지만 형의 마음은 언제나 굽힐 줄 모르는군요. (…) 내가 싸움과 그 위험에 몸 던지길 원한다면 이제 트로이인들과 모든 아카이아인을 불러 정렬하게 해주오. 그럼 그 한가운데서 나와 용맹한 메넬라오스가 헬레네와 그녀의 모든 보물을 걸고 싸우겠습니다. 승자는 여인과 그녀의 재산을 떳떳이 손에 넣어 모두 집으로 가져가기로 합시다."[103]

100
『그리스 이야기』 제10권 31행

101
『일리아스』 제3권 39행

102
『일리아스』 제3권 16행

103
『일리아스』 제3권 59행~, 66행~

| 붓질 | 속 | 이야기 |

❶ 배경 속 카리아티드 │ 고대 유적을 옮겨놓은 듯한 카리아티드 (머리로 수평부를 받치는 여인상)는 고고학적 신빙성을 불어넣는 듯하다. 그러나 이 여인상들은 고대에서 가져온 것이 아니다. 1550년 장 구종이 루브르 궁전의 새 무도회장에 지을 악사들의 연주 공간을 위해 만든 르네상스 시대의 조각상이다. 하지만 장 구종도 에레크테이온 남쪽 주랑을 장식하던 여섯 개의 카리아티드에서

직접 영감을 받았다고 한다. 에레크테이온은 아테네 아크로폴리스의 파르테논 신전 근처에 위치한다.

❷ 완벽하게 우아한 헬레네 │ 유럽 신고전주의 회화의 일인자, 다비드는 헬레네에게서 이상적인 미를 구현했다. 경국지색이라는 『일리아스』 여주인공은 물 흐르듯 유연한 곡선을 보여준다. 회화 역사상 찾아보기 힘든 부드러움이다. 작가는 매혹적인 여인의 모습과 잘 어울리는 바닥 분수를 전경에 배치했다. 맑고 깨끗한 물이 잔잔하게 흐르고 있다.

❸ 파리스의 프리기아 모자 │ 다비드가 열렬히 지지했던 프랑스 혁명에서 프리기아 모자는 자유와 시민정신을 상징했다. (마리안느[104]도 늘 이 모자를 쓴 모습으로 그려진다.) 하지만 그 기원은 머나먼 고대로 거슬러 올라간다. 이름이 말해주듯 프리기아에서 탄생했기 때문이다. 프리기아는 오늘날 터키에 해당하는 아나톨리아 중부의 넓은 땅이며 파리스가 바로 이 지역 태생이다. 잘생긴 트로이 청년이 거의 알몸에 가까운 복장으로 이 모자만 제대로 쓰고 있으니 프리기아의 존재감이 더욱 빛난다.

104
프랑스 대혁명 당시 만들어진 혁명 정신을 상징하는 여성상.

❹ 가구의 역할 │ 가구는 구석진 배치에도 불구하고 작품 배경을 고대에 놓는 결정적인 역할을 한다. 그림 오른쪽 아테네풍의 멋스러운 청동 소품이 가장 특징적이다. 황실의 공식 금은세공사 장-바티스트 오디오의 작품을 본 딴 것이다. 근사한 삼각대 위에 피어오르는 진한 향연은 고대 세계의 향수를 사방으로 실어 나른다.

훗날 샤를 10세가 될 아르투아 백작의 주문으로 이 그림을 그릴 당시, 자크-루이 다비드는 마흔 줄에 접어들었고 이미 최고의 명성을 구가하고 있었다. 4년 앞서 발표한 〈호라티우스 형제의 맹세〉가 대박을 터트리면서 유럽 신고전주의 대가의 반열에 오른 것이다. 물론 이 작품은 죽음을 각오한 젊은 용사들의 비극적 영웅담과는 크게 다르지만, 화가의 야심만큼은 변함이 없다. 언뜻 이국적으로 보여도 실은 고풍스러운 배경 속에서 두 연인은 절대적 사랑의 이상향을 보여준다. 그러나 치명적인 결말만큼이나 당대 도덕관념을 뒤엎었던 그들의 사랑을 아름답게 담기 위해 다비드는 두 사람에게 조각같이 완벽한 몸을 부여했고, 연극 배경처럼 커다란 천 앞에 세워 더욱 부각시켰다. 그러니까 고대 문명을 다시금 화폭에 끌어들인 이유는 시민이나 용사의 덕목을 칭송하려는 것이 아니라, 육체적 사랑을 환기하고 예기치 못했던 감미로운 여성미를 선보이기 위해서였다.

이미 〈호라티우스 형제의 맹세〉에서도 부드럽게 굴곡진 여성의 실루엣이 자칫 과하게 뻣뻣했을 남자들 모습과 조화를 이루었다. 이후 발표한 〈사비니의 여인들〉(296쪽)은 그 원리를 역으로 이용한 버전이다. 1748년 폼페이 발굴이 시작되고 보나파르트가 이집트 원정을 떠나면서 고대 휴머니즘이 편협한 엄격함 대신 여린 감수성으로 다시 태어난 것은 아닐까? 파리스와 헬레네를 빗대어 수천 년의 시간을 허물어버린 이 러브신보다 그 변화를 잘 보여주는 것도 없다. 어쩌면 그래서일지 모른다. 붉은색과 분홍색으로 치장한 두 사람의 따뜻한 분위기가 푸른색과 쟂색의 무심하게 차가운 배경과 만나며 전체 색감이 화려하고 섬세해졌다. 여기에는 여느 신화 그림 속 카논과는 확연히 다른 관능적인 생기가 감돈다.

아킬레우스와 아가멤논의 불화

_일 바치치아

| 신화를 | 말하다 | **아르고스의 내분**

이 장면이 신화시대 주요 서사시 『일리아스』에서 차지한 비중은 첫 문장만 읽어보아도 충분히 알 수 있다.

"Μῆνιν ἄειδε θεὰ Πηληϊάδεω Ἀχιλῆος"

(여신이여, 펠레우스의 아들 아킬레우스의 분노를 노래하소서.)**105**

호메로스는 트로이 전쟁의 추이가 아니라 아킬레우스가 분노한 결과를 노래하겠다고 말한다. 이 글의 첫 단어가 "메닌(Μῆνιν)", 즉 "격분"이라는 사실은 매우 의미심장하다. 그리스 최고 용사를 화나게 만든 것은 다름 아닌 원정대 지휘자, 아가멤논이었다. 그는 친딸 이피게네이아를 신들에게 제물로 바친 데 이어, 아킬레우스가 데려온 아리따운 브리세이스를 자기 전리품으로 삼으려다 갈등을 빚었다. 이 그림은 두 사람이 결투를 벌이려는 순간, 아테나가 나타나 만류하는 장

조반니 바티스타 가울리(일 바치치아), 〈아킬레우스와 아가멤논의 불화〉,
1695년경, 캔버스에 유채, 149×222cm, 프랑스 보베, 우아즈 박물관.

면이다. 아테나는 아킬레우스 눈에만 보인다. 아킬레우스는 아가멤논이 극구 브리세이스를 데려가겠다면 자신은 참전하지 않겠노라 협박했고, 성미가 불같은 아가멤논도 모욕적으로 거칠게 응수했다.

"그대 마음이 그렇다면 어서 줄행랑치시오. 날 위해 여기 남아 달라고 애원할 일은 없을 테니. 내 명예를 보장하는 이는 얼마든지 있고, 신중한 제우스께서도 내 편이오. 나에게 그대는 제우스께서 보낸 모든 왕들 중에 가장 추악한 자요. 그대에게 기쁨이란 항상 불화요, 전쟁이요, 싸움질이니. 그럼에도 그대가 강하다면 그건 하늘의 덕일 뿐. 어서 배와 군사들을 끌고 집으로 돌아가서 뮈르미돈족이나 다스리시오. 그대 따윈 내 염두에도 두지 않겠소. 원한을 품든 말든 개의치 않을 것이오. 그러나 내 경고는 들어 두시오. 포이보스 아폴론이 내게서 크리세이스를 앗아가니, 나는 그녀를 내 배에 태워 전우들과 함께 보낼 것이오."[106]

이러했으니 두 용사가 앞뒤 재지 않고 덤벼들 것이 불 보듯 뻔한 상황이었지만 때마침 등장한 아테나 덕분에 피비린내 나는 결투를 면할 수 있었다.

105
『일리아스』 제1권 1행〜

106
『일리아스』 제1권 173행〜

107
『일리아스』 제1권 347행〜

| 붓질 | 속 | 이야기 |

 현명한 네스토르 | 아킬레우스의 시선을 읽어낸 유일한 사람이 네스토르다. 호메로스에 따르면 그는 "제우스가 허락한 권세로 왕홀을 받은"[107] 군주에게 대항하는 것은 온당치 못한 처신이

라며 싸움을 말리려 했다. 동시에 그는 아가멤논에게도 아킬레우스에 대한 감정을 거두도록 "아카이아족은 처참한 전쟁을 치를 든든한 방패가 없다"[108]라고 타일렀다.

❷ **칼집에 다시 넣은 칼** | 아마도 아가멤논은 깜짝 놀라 칼을 빼들었을 것이다. 하지만 그때 아킬레우스는 보이지 않는 아테나의 목소리를 듣고 칼

을 집어넣는다. 호메로스는 이 장면을 기록으로 남겼다.

"그는 은으로 된 칼자루에서 묵직한 손을 떼지 않았고 아테나의 음성을 따라 긴 칼을 다시 칼집에 꽂았다. 그러자 여신은 올림포스로, 아이기스를 든 제우스의 궁전에 있는 다른 신들에게로 돌아갔다."[109]

109
『일리아스』 제1권 219행~

❸ **헤라의 전차** | 아무리 도도하고 제멋대로인 아테나라도 올림포스의 여왕 헤라보다 높을 순 없었다. 아테나를 보내 두 용사를 화해시킨 것도 헤라였다. 누구 하나를 고를 수 없을 만큼 둘 다 아꼈기 때문이다. 늘 티격태격하던 두 여신이 트로이 전쟁에서 똘똘 뭉친 까닭은 아프로디테를 고른 파리스에게 똑같은 모욕을 당했기 때문이다.

❹ **보이지 않는 아테나** | 놀라 굳어버린 아킬레우스에게 진정하라고 다독이는 아테나의 음성을 호메로스는 이렇게 전한다.

"나는 그대의 분노를 달래려고 하늘에서 내려왔다. 내 말을 따르겠는가? 나를 보낸 이는 그대 둘을 똑같이 아끼고 보호하는 흰 팔의 헤라 여신이다. 자, 싸움을 멈추고 네 손은 그 칼을 뽑지 말라. 다만 그를 기다리고 있는 일들을 얘기해주며 꾸짖어라. 앞으로 될 일을 네게 알려줄 테니, 언젠가는 이 모욕에 대한 보상으로 세 배나 휘황찬란한 선물을 받게 될 것이다. 그러니 이쯤 멈추고 우리에게 복종하도록 하라."[110]

110
『일리아스』 제1권 207행~

| **그림을** | **말하다** | **화려한 풍경과 격렬한 분노**

이 싸움판에서 가장 인상적인 것은 역시 칼을 휘두르며 아킬레우스에게 돌진하려는 아가멤논의 분노로 일그러진 표정이다. 그도 그럴

것이 아킬레우스는 자신의 군주에게 폭언을 서슴지 않았다.

"술주정뱅이! 개의 눈깔과 암사슴의 심장을 가진 자여! (…) 오, 백성을 삼키는 아름다운 왕이여!"[111]

그럼에도 싸움은 곧 사그라질 것이다. 두 사람 머리 위에 나타난 아테나 여신이 소란을 진정시키고 있다. ("그녀는 펠레우스의 아들 뒤에 멈춰서 금발을 쓰다듬었다. 여신은 그의 눈에만 보였다."[112]) 그녀는 화해를 권한다. 훗날 트로이 정복을 위해서다.

두 사람 사이에 서 있는 노인 네스토르도 여신을 향해 고개 든다. 그러나 아킬레우스를 매료시킨 여신의 모습이 그의 눈에는 보이지 않는다. 아테나는 투구를 쓰고 갑옷을 입었지만 창은 옆에서 노니는 두 푸토에게 맡겼다. 평화를 수호하겠다는 의지다. 하늘색과 분홍색의 산뜻한 색조는 전장의 거친 분위기와 괴리감을 준다. 싸우려는 당사자들과 말리려는 주변인들의 고귀한 신분을 짐작케 하는 바로크풍의 화려한 옷감도 마찬가지다. 『그리스 이야기』에서 파우사니아스는 『일리아스』에서 아가멤논의 사절들에게 아킬레우스가 남긴 답변을 통해 이들이 지체 높은 집안 출신임을 알 수 있다고 밝힌 바 있다. 그때 아킬레우스는 아가멤논의 후한 선물과 제안을 냉혹하게 거절한다.

◎ 트로이 전쟁은 실화인가?

위대한 고대사가 모지스 핀리의 문제 제기 이후 수많은 역사학자들이 트로이 전쟁의 실체에 의문을 품었다. 히타이트와 이집트를 비롯해 당대 주요 국가들이 신기하리만치 아무 기록도 남기지 않은 까닭이다. 또한 전쟁의 발단도 터무니없고, 기간도 믿기 힘들 만큼 길기 때문이다. 그리고 결정적으로, 그리스인과 그리스인이 맞붙은 싸움이기 때문이다(『일리아스』를 보면 적군과 통역 없이 대화한다). 트로이 옛터가 완전히 파헤쳐진 오늘날, 가장 그럴 듯한 가설은 지역 내 사소한 다툼에 불과했던 분쟁이 대서사시로 탈바꿈했을 가능성이다. 그렇다면 그것은 오롯이 호메로스의 천재성 덕분이라 하겠다.

헥토르의 죽음을 슬퍼하는 안드로마케

자크-루이 다비드

자크-루이 다비드,
〈헥토르의 죽음을 슬퍼하는
안드로마케〉,
1783년, 캔버스에 유채,
275×203cm,
프랑스 파리, 루브르 박물관.

| 신화를 | 말하다 | 영웅의 뒤에 남겨진 자들

호메로스의 웅장한 신화 세계에서 안드로마케와 아스티아낙스만큼
애처로운 운명이 또 있을까? 두 사람은 신들의 각본대로 아킬레우스
손에 죽음을 맞은 트로이 영웅 헥토르의 사랑스런 아내와 아들이다.
호메로스의 『일리아스』 제6권은 전장에 나가는 남편을 붙들기 위해
아이를 안고 마지막으로 애원하는 안드로마케를 노래한다.

"어리석어요. 당신의 열정이 당신을 파멸시킬 거예요! 비정하게도
우릴 버리는군요. 당신 자식은 어리고, 처량한 나는, 당신 아내는 머
지않아 과부가 되겠지요. 곧 아카이아인들이 당신을 죽이러 몰려올
테니까요. 당신을 잃으면 나는 땅에 묻히는 게 낫겠어요. 운명이 당
신 머리를 덮치면 내겐 비탄 외에 그 무엇도 위로가 되지 못할 거예
요."[113]

그러나 부질없었다. 신들에게 배신당한 헥토르는 곧 트로이 성벽 아

[113]
『일리아스』 제6권 407행~

래서 죽음을 맞는다. 아킬레우스가 그 시신을 모욕하는 모습을 보고 안드로마케는 혼절한다. 정신이 돌아오자 그녀는 절망 속에 한탄한다. "헥토르, 불운한 내 신세여! 우리 둘은 같은 운명을 타고났군요. 당신은 일리온 한복판 프리아모스 궁에서, 나는 숲이 우거진 플라코스 산 밑 테바이에 있는 에에티온의 집에서. 어린 시절 나를 길러주신 그분은 기구한 딸을 둔 불운한 아버지예요. 아! 신들이 나를 태어나게 하지 말았더라면. 이제 당신은 하데스의 집, 땅의 깊은 심연으로 가고, 영원한 죽음의 슬픔에 갇힌 나만 당신 집에 과부로 남겨두는군요. 불운한 우리가 낳은 이 아이는 아직도 어린데, 헥토르, 당신은 이제 여기 없으니 아이의 의지처도 될 수 없겠군요."[114]

114
『일리아스』 제22권 477행~

안드로마케는 눈물을 흘리며 말했고 시녀들도 그 곁에서 훌쩍였다고 한다. 잔인한 신화의 세계 속 절절한 휴머니즘이 묻어나는 장면이다.

| 붓질 | 속 | 이야기 |

❶ 온전한 시신 | 화가는 흠 없이 건장한 남성의 몸을 그렸다. 하지만 호메로스 신화에 따르면 아킬레우스는 패자에게 비겁하고 잔혹했다. 그는 헥토르의 시신을 발가벗겨 그리스인들에게 넘겨주었고, 그리스인들은 그 시신을 수차례 훼손하고 모욕했을 뿐 아니라, 발에 구멍을 뚫고 띠를 꿰어서 "그의 검은 머리가 먼지 구름 속에 휘날리도록"[115] 바닥에 끌고 다녔다고 한다.

115
『일리아스』 제22권 401행~

❷ 자화상 같은 아이 | 다비드는 엄마를 위로하려는 어린 아스티아낙스를 그리며 아홉 살에 아버지를 여읜 자신의 아픔을 떠올렸다. 그리고 『일리

아스』에서 안드로마케가 묘사하는 아이의 눈물겨운 모습을 참고했다.
"그렇게 눈물에 젖은 우리 아이는 과부가 된 엄마 곁으로 올 거예요. 한때 우리 아스티아낙스도 아버지 무릎에 앉아 우리가 키운 양떼의 진한 골수와 살코기를 먹다가, 졸음이 오면 놀이를 멈추고 폭신한 잠자리나 유모의 가슴에서 잠들곤 했지요. 아이의 마음은 감미로운 즐거움을 맛보았어요."[116]

116
『일리아스』 제22권 498행~

❸ **처절한 운명의 예고** | 오른쪽의 침대 장식은 헥토르의 죽음을 담고 있다. 아테나 여신에게 속아 바닥에 고꾸라졌다. 왼쪽 침대 장식은 작별 인사를 나누는 모습이다. 하필이면 두 그림이 『일리아스』 속 가장 멋진 전사의 침대에 부조로 새겨져 있다니, 묘한 복선이 아닐 수 없다.

❹ **말총 장식이 풍성한 투구** | 작별의 순간, 헥토르가 아들을 품에 안자 꼬마는 일렁대는 풍성한 투구 깃을 보고 겁을 집어먹는다. 애잔한 마음에 "용맹한 헥토르는 머리 위에서 빛나는 화려한 투구를 벗어 바닥에 내려놓고, 사랑하는 아들을 두 팔로 안아 얼렀다."[117] 그토록 위용을 뽐내던 투구가 이제는 장례 침대의 그늘로 밀려나 한없이 초라해 보인다.

117
『일리아스』 제6권 466행~

| 그림을 | 말하다 | **위로받을 수 없는 슬픔을 그리다**

다비드에게 아카데미의 문을 열어준 이 그림은 『일리아스』의 마지막 장면, 헥토르의 장례를 담고 있다. 장례 침대에 누운 건장하지만 창백한 영웅은 "영원이 그를 굳힌 모습 그대로"를 간직했다. 그 앞에 하얀 옷을 입고 하염없이 눈물 흘리는 안드로마케에게 어린 아스티아낙스가 팔을 뻗어 애틋한 위로를 건넨다. 그러나 엄마는 아들을 바라

보지 않는다. 후경의 어두운 건축물은 기둥에 세로로 홈을 판 고대 신전이다. 프랑스 혁명을 몇 년 앞두고 절정에 달했던 신고전주의 물결을 보여준다. 침대 아래 놓인 헥토르의 검과 투구는 전사한 영웅의 용맹함과 함께, 아무리 용감해도 죽음을 피할 수 없는 인간의 슬픈 숙명을 떠올리게 한다.

월계관을 쓴 얼굴에 그늘이 드리웠다. 트로이 용사는 평화를 찾은 듯하다. 이 평화를 얻고자 그는 살아생전 처절히도 애썼지만 잔인한 신들의 뜻에 허무하게 휘둘렸다. 인물을 제외한 모든 모티브는 어두운 음영에 잠겨 있다. 17세기 스페인 거장들의 테네브리즘이 생각난다. 유일하게 선명한 색채를 띤 아스티아낙스의 빨간 망토가 어두운 배경 색조와 대비된다. 생명력과 희망의 상징이지만 결국 운명의 장난에 묻히리라는 것을 우리는 알고 있다. 아이도 트로이가 함락될 때 아킬레우스의 아들에게 죽게 될 테니 말이다. 냉혹한 하늘을 향한 안드로마케의 원망이 십분 이해되는 지점이다.

118
『일리아스』 제22권 490행~

"보호자가 없는 고아의 나날, 아이는 걸핏하면 고개를 숙이고 두 뺨이 눈물에 젖지요."[118]

◎ 헥토르 이후의 안드로마케

베르길리우스의 『아이네이스』는 트로이 멸망 후 안드로마케가 얼마나 기구한 운명에 처했는지 보여준다. 에페이로스에 당도한 헥토르의 동족 아이네이아스는 죽은 남편의 위령묘 곁에서 기도하는 불행한 여인을 만난다. 트로이 함락 때 죽지 않고 살아남은 것을 한탄하며 남편과 아들을 애도하는 비운의 과부는 자신이 아킬레우스의 아들, 피로스라고도 불리는 네오프톨레모스와 강제로 부부가 된 사연을 털어놓는다. 이후 헥토르의 동생인 헬레노스를 또 다시 남편으로 맞게 되고, 그는 에페이로스 왕국을 세워 트로이 제국의 명맥을 잇고자 한다.

오디세우스에게
잔을 건네는 키르케

_존 윌리엄 워터하우스

존 윌리엄 워터하우스,
〈오디세우스에게
잔을 건네는 키르케〉,
1891년, 캔버스에 유채,
149×92cm,
영국 올덤, 올덤 미술관.

| 신화를 | 말하다 | **어리석은 자들을 매혹하는 눈빛**

『오디세이아』는 오디세우스가 하계로 내려가기 직전(212쪽 〈망자의 섬〉 참조), 위험한 마녀 키르케와 만난 이야기를 들려준다. 마녀의 성 근처에 정박한 오디세우스의 부하들은 그녀가 건넨 음료를 마신 후, 마술지팡이를 휘두르자 모두 돼지로 변해버렸다. 축사에 갇혀 나무 열매 사료를 먹는 처지가 된 것이다. 그러나 이 저주의 조용한 목격자가 있었다. 용감한 에우릴로코스였다. 그는 몇몇 일행과 함께 남아 있던 오디세우스에게 부리나케 달려와서 이 사실을 알렸고, 영웅은 끓어오르는 분노를 누르며 무기를 들고 키르케의 성으로 향한다. 그 길목에서 주의를 당부하러 나타난 헤르메스와 마주친다. 헤르메스는 키르케가 건네는 저주의 잔을 해독할 약초를 챙겨주었다. 그 후 일들에 대해 호메로스는 오디세우스의 입을 통해 들려준다.

"내가 부르자 마녀는 내 목소리를 듣고 달려 나와서는 빛나는 문을

열며 안으로 들어오라 하더군요. 성으로 들어서자 내 마음에 슬픔이
차올랐습니다. 키르케는 나를 안으로 안내했습니다. 은으로 된 징이
박힌 화려한 보좌에 앉혔고, 내 발 밑에 발판을 받쳐주었습니다. 그
러고는 황금 잔에 음료를 따라서 저주의 풀을 섞고 마음속 못된 계
략을 곱씹으며 내게 내밀었지요. 나는 그 잔을 받아 마셨지만 저주는
통하지 않았습니다. 키르케가 지팡이로 나를 두드리면서 동료들이
모여 있는 축사로 들어가라고 주문을 외웠지요. 그 말이 떨어지기 무
섭게 나는 날카로운 양날 검을 빼들고 여신에게 달려들었습니다. 죽
여버릴 것처럼 말이지요. 그러자 키르케는 비명을 내지르며 주저앉
더니, 내 무릎을 부둥켜안고 흐느끼면서 간신히 말하더군요.

– 당신은 누구인가요?"[119]

119
『일리아스』 제10권 678쪽

이어지는 장면에서 오디세우스는 자기 이름을 밝히고 아름다운 마
녀를 유혹해 부하들을 사람으로 돌려놓는다. 그렇게 일 년간 밀월을
즐긴 후, 다시 긴 방랑의 길을 떠난다.

| 붓질 | 속 | 이야기 |

❶ **죽음의 유혹** | 『변신 이야기』의 오비디우스도 키르케의 치명적인 유혹
을 강조했다. 오디세우스의 일행이던 마카레우스는 이렇게 말한다.

"여자들이 드넓은 대리석 회랑을 가로지르며 우리를 맞았고 여주인에게
로 안내했소. 그녀는 훌륭하게 꾸며진 홀의 높은 옥좌에 앉아서, 눈부신
드레스에 황금 망토를 걸치고 있었습니다."[120]

120
『변신 이야기』 제14권 259행~

워터하우스는 이 묘사에 충실하되, 특히 마음을 흔드는 치명적인 관능미
에 초점을 맞추었다.

❷ 호기심을 자극하는 액자 구도 | 작가의 천재성이 마녀 뒤편 거울에 어둡게 등장한 오디세우스를 통해 나타난다. 오디세우스가 가상의 관객이 된 셈이다. 경계심과 증오로 가득 찬 영웅의 표정이 즐거움에 젖은 키르케와 묘하게 대조되면서 더욱 연극 무대처럼 느껴진다. 키르케는 저주의 음료를 들고 자신만만하다. 자신이 얼마나 매력적인지도 잘 알고 있다. 더구나 상대는 방랑객이 아닌가? 그러나 영웅은 양날 검을 빼들고 잔혹한 여신의 환희를 공포로 바꿔놓을 만반의 준비를 마쳤다.

❸ 악의 꽃 | 오비디우스는 바닥을 수놓은 이 꽃들이 키르케의 독약 제조에 쓰이는 재료라고 특유의 서정적 문체로 설명한다.
"그녀 곁에는 님페와 네레이데스 무리가 있었습니다. 헌데 그 손은 양모를 짜려고 움직이는 게 아니었소. 허브를 배열하고, 앞에 흘어진 꽃과 온갖 빛깔의 풀들을 분류하고, 정성껏 바구니에 담고 있었습니다. 키르케가 그 일을 지시했지요. 그녀는 잎사귀 하나하나의 용도와 혼합법과 효능을 알고 있었소. 풀을 고르고 용량을 재는 것도 그녀였다오."[121]

121
『변신 이야기』 제14권 264행~

❹ 여신의 발 앞에 쓰러진 희생자 | 바닥에 놓인 짐승은 (불운한 마카레우스도 말했듯) 오비디우스의 부하들이 돼지로 변한 사건을 떠올리게 한다.
"잔인한 여신이 지팡이로 우리 머리를 건드리자마자 (이 얘기를 하자면 수치스럽기 짝이 없지만) 내 몸은 뻣뻣한 돼지털로 뒤덮었소. 말하려 하면 꿀꿀대는 쉰 소리가 났습니다. 이마가 땅으로 기울어지고, 입은 길쭉하니 휘어져 두꺼운 가죽에 덮이고, 몸은 부풀어서 살이 차올랐소. 방금 전까지 잔을 쥐었던 손이 바닥을 걷는 발로 변해버렸다오."[122]

122
『변신 이야기』 제14권 278행~

123
『변신 이야기』 제14권 272행

124
『변신 이야기』 제14권 271행

125
『변신 이야기』 제14권 273행

126
『변신 이야기』 제14권 276행

영웅의 "모든 즐거움과 행복을 빌어주는"[123] 순간이다. 작가는 오비디우스의 묘사에 충실하게 "웃음기와 시원스러움이 느껴지는"[124] 얼굴로 키르케를 그렸다. 오디세우스에게 내민 잔에는 "볶은 보리, 꿀, 포도주, 엉긴 우유를 섞었고, 그 달달함에 묻혀 표시나지 않도록 해로운 즙을 탔다."[125] 호메로스의 서사시가 희디흰 "여신의 손"[126]을 강조했다면 영국 작가는 그 수식어를 치명적인 마녀의 모든 매력 포인트에 적용하기로 한 모양이다. 호리호리한 두 팔—더구나 잔을 내민 손의 단축원근법은 찬사가 아깝지 않다—신비롭고 아름다운 얼굴, 대리석처럼 빛나는 어깨와 가슴을 보라. 늘씬한 두 다리는 얇은 천으로 다 가려지지 않는 완벽함 때문에 여행객의 시선과 넋을 빼앗는다.

사자 머리로 장식된 권좌 뒤 둥근 거울은 궁전 입구 좌우편의 묵직한 기둥까지 공간을 확장시킨다. 그 앞에 앉은 키르케는 자기 신전에 앉은 여신처럼 보인다. 그러나 배경에 깔린 어둠은 차치하더라도, 바닥에 뒹구는 시든 꽃잎과 발 앞에 떨어진 돼지머리는 필요 이상 아름다운 마녀의 사악함을 생생히 증명한다. 전경의 삼각 단에는 향이 피워져 있다. 고대 의식이 행해질 때마다 빠지지 않던 집기다. 눈을 홀리는 미모, 감미로운 음성, 부드러운 살결, 향기로운 냄새, 그때 입 안으로 흘러드는 음료—이 모든 황홀한 감각의 도취에 누가 저항할 수 있을까?

오레스테스의 자책

_필립-오귀스트 엔느켕

| 신화를 | 말하다 | 장군과 전사의 격돌

오레스테스는 우리가 아킬레우스와의 불화 (254쪽)에서 이미 만나본 바 있는 아가멤논과 그의 아내 클리타임네스트라의 막내아들이다. 전쟁 제물로 바쳐진 불운한 이피게네이아, 유순한 크리소테미스, 드센 엘렉트라와 남매지간이기도 하다. 청소년기에 그는 트로이 전쟁을 마치고 미케네로 돌아온 아버지의 죽음을 목도했다. 어머니 클리타임네스트라가 죽은 딸에 대한 복수로 정부 아이기스토스와 함께 아가멤논을 살해한 것이다. 잠시 그리스 중부 포키스로 피신했던 오레스테스는 아폴론의 뜻에 따라 아버지의

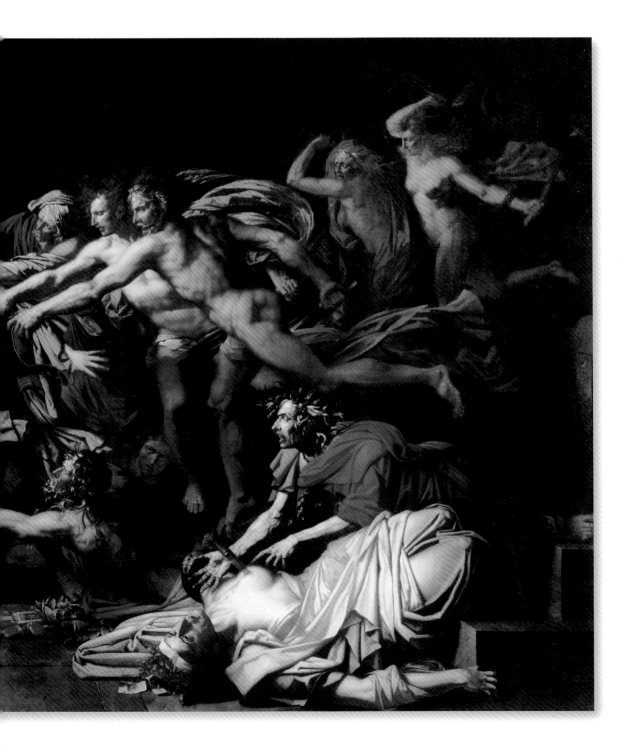

필립-오귀스트 엔느켕, 〈오레스테스의 자책〉,
1800년, 캔버스에 유채, 356×515cm, 프랑스 파리, 루브르 박물관.

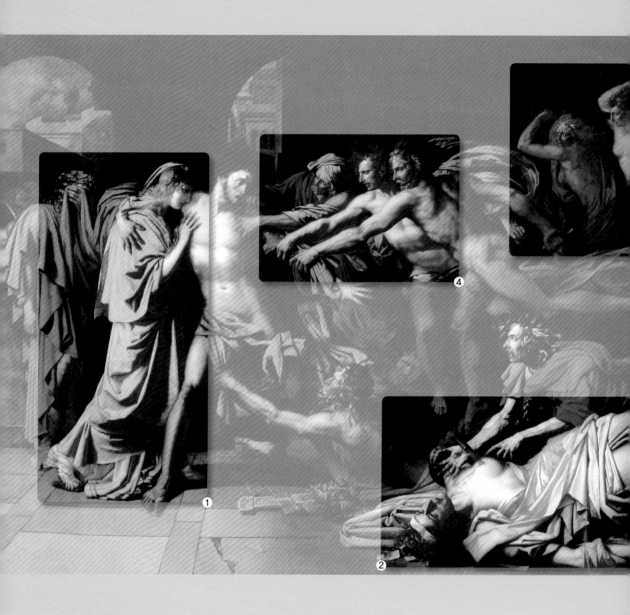

복수를 결심한다. 『일리아스』에 따르면 아버지는 그를 "좋은 것으로만

키운 하나뿐인 내 아들"[127]이라 칭하지 않았던가? 그리하여 친구 필라

데스와 미케네로 돌아온 오레스테스는 엘렉트라의 도움으로 아이기

스토스와 클리타임네스트라를 죽인다. 그러나 모친 살해라는 죄악에

127
『일리아스』 제9권 142행~

③

128
『비블리오테케』 요약집
6장 27번

경악을 금치 못한 신들이 복수의 여신 에리니에스를 파송한다. 끈질긴 추격 끝에 그는 델포이 제단에 이르고, 아테네의 아레오파고스에서 아폴론의 변호와 아테나의 호의로 무죄를 선고받는다. 그러나 죄는 씻었어도 죄책감의 늪을 벗어나진 못했다. 아폴론은 타우리스(오늘날 크림반도)로 가서 아르테미스 나무 신상을 훔쳐 아테네에 가져오면 모든 게 해결될 것이라고 조언한다. 이 여정 또한 우여곡절의 연속인데,『비블리오테케』는 다음과 같이 서술한다.

"필라데스와 함께 타우리스에 도착한 오레스테스는 곧 발각되고 체포되어 사슬에 묶인 채 토아스 왕 앞으로 끌려간다. 왕은 그들을 여사제에게 보낸다. 그런데 타우리스의 여사제로 있던 누이(이피게네이아)가 두 사람을 알아보았고, 그들은 함께 나무 신상을 훔쳐 달아난다."[128]

그렇다. 이피게네이아는 아르테미스 여신이 극적으로 구출해 제단의 칼날을 피했던 것이다. 이 기구한 여정 끝에 그녀는 마침내 고향으로 돌아간다.

| 붓질 | 속 | 이야기 |

❶ 냉혹하고 충실한 동맹, 엘렉트라 | 오레스테스가 누이 엘렉트라와 재회한 곳은 그녀가 날마다 찾아와 묵상하는 아가멤논의 묘지 앞이었다. 엘렉트라는 어머니의 정부 아이기스토스를 증오하고 친아버지를 무조건적으로 숭배했다. (오이디푸스 콤플렉스 만큼이나 엘렉트라 콤플렉스도 유명하다.) 그녀는 오레스테스의 범행을 돕고 그 후

로도 충실하게 동생 곁을 지킨다. 그러나 신기하게도 에리니에스 자매의 추궁으로부터 자유로웠고 남편 필라데스와 평온한 삶을 살았다.

❷ 살해당한 클리타임네스트라 │ 작품 전경, 클리타임네스트라 시신에 빛이 비친다. 가슴에 꽂힌 아들의 비수 위로 날것 그대로의 조명이 쏟아진다. 어두운 배경과 강렬한 대조를 이루는 하얀 옷은 그녀의 신성한 출신을 떠올리게 한다. 헬레네의 자매이자 폴리데우케스의 누이지만 또 다른 남매 카스토르처럼 인간으로 태어난 그녀는 남편 손에 딸 이피게네이아를 잃었고, 정부 손에 남편을 잃더니, 결국 자신은 아들 손에 목숨을 잃는다.

❸ 어둠에서 뛰쳐나온 존재 │ 작품 배경에 돌연 등장한 에리니에스가 보인다. 섬뜩한 그녀는 온몸에 복수와 저주의 상징을 두르고 있다. 팔을 휘감은 뱀, 정신없이 헝클어진 머리채, 분노의 울부짖음이 느껴지는 달음질…… 어두컴컴한 배경은 그녀가 밤의 여신 닉스의 딸이라고 밝힌 여러 문헌들을 생각나게 한다. 헤시오도스의 『신통기』에 따르면 그녀는 남매지간인 암흑의 신 에레보스와 함께 태초의 혼돈에서 탄생한 최초의 신들에 속한다.

❹ 분노하는 사람들 │ 고대 문헌에서 언급되지 않았던 요소다. 사람들이 떼 지어 오레스테스를 덮친다. 위협적인 얼굴로 팔을 뻗는다. 이 장면은 엔느켕의 여러 작품에 다양한 형태로 반복된다. 비평가들은 이것을 죄책감과 핍박이라는 이중적 상징으로 보았다. 견습생 시절 엔느켕은 같은 문하생들에게 좀도둑질에 대해 추궁을 당한 적이 있다.

| 그림을 | 말하다 | **저물던 혁명에 고하는 이별**

엔느켕의 기묘한 작품이 프랑스 혁명기가 저물 무렵 등장한 것은 우연한 일이 아니다. 1789년 거사와 세계인권선언을 열렬히 지지했던 작가는 핍박당하는 혁명 정신을 비유적으로 그려냈다. 작품 속 오레스테스가 민중 혁명을 대변한다면, 반대편 에리니에스는 보수반동파의 저주를 상징한다. 1800년 살롱을 찾은 관객들은 이 사실을 간파했고, 작품에 담긴 자코뱅적 평등주의에 대한 일종의 작별 인사를 읽어낸다. 그의 스승 다비드가 〈사비니의 여인들〉(296쪽)을 통해 화해의 필요성을 피력한 지 일 년만이었다.

작품은 신고전주의 규범에 맞게 오른쪽 상단에서 왼쪽 하단으로 쏟아지는 역동적인 대각선 구도를 따랐다. 이 흐름을 깨뜨리는 것은 밝게 채색된 세 명의 주인공, 오레스테스와 엘렉트라와 클리타임네스트라다. 여기에 만약 미케네 건물을 향해 열린 왼편 아케이드가 없었다면 공간은 폐쇄적이다 못해 갑갑한 느낌마저 주었을 것이다. 전체적으로는 냉혹한 운명 앞에 놓인 인간의 무력함을 격정과 조소로 그려내고 있다.

◎ 신들보다 강한 에리니에스 자매

에리니에스는 머나먼 고대부터 존재했던 복수의 여신들이다. 누가 뭐라 해도 자신들의 규범만을 쫓고, 올림포스 신들에 대해서는 멸시에 가깝게 무시한다. 크로노스가 우라노스를 거세할 때 대지에 뿌려진 핏방울에서 탄생한 밤의 딸들이며 살인자를 쫓을 때 외에는 하계를 떠나지 않는다. 증오로 불타는 에리니에스의 복수심은 살인자가 델포이 신전에서 죄를 씻어야만 끝이 난다. 에리니에스가 몇 명인지에 대해서는 출처에 따라 제각각이어서 세 명부터 무려 오십 명에 이른다. 그중 가장 유명한 메가이라는 증오에 관한 한 신화를 통틀어 최악의 상징으로 남아 있다. 에리니에스 자매는 검은 드레스나 사냥용 치마, 핏빛 눈, 팔을 휘감은 뱀이 특징이다. 채찍이나 횃불을 들고 커다란 검은 날개를 퍼덕이며 날아다닌다.

격노한 메데이아

_외젠 들라크루아

외젠 들라크루아,
〈격노한 메데이아〉,
1838년, 캔버스에 유채,
122×84cm,
프랑스 파리, 루브르 박물관.

| 신화를 | 말하다 | **불행에 물어뜯긴 영혼**

잔인한 키르케의 조카이자 자신도 역시 마녀였던 메데이아는 아르고호 원정대의 이아손에게 완전히 반해 그가 황금 양털을 훔칠 수 있도록 도와준다. 이 짜릿한 쾌거 이후 두 사람은 십 년간 즐거운 나날을 보내며 두 아이를 낳았다. 그러나 행복을 깨뜨리는 사건이 발생한다. 이아손이 메데이아를 버리고 코린토스의 공주 글라우케와 결혼하기로 한 것이다. 그 후의 참극에 대해 『비블리오테케』는 다음과 같이 요약했다.

"메데이아는 이아손이 사랑을 맹세할 때 이름을 불렀던 신들을 증인으로 삼아 그 배은망덕함을 고소했고, 어린 새 신부에게 독을 바른 페플로스를 선물로 보냈다. 글라우케는 예복을 걸치자마자 맹렬한 화염에 휩싸여 즉사했고, 그 아비도 딸을 구하려다 함께 죽고 만다. 메데이아는 이아손에게 낳아준 두 아들 메르메로스와 페레스도 살

129
『비블리오테케』 제1권 9장 28번

해한다. 그러고는 날개 달린 용들이 끄는 태양 전차를 타고 아테네로 피신했다."**129**

신화는 감정을 배제한 채 서술을 이어가지만 제 배에서 난 자식들을 제 손으로 죽인 메데이아 이야기는 헤시오도스, 디오도로스 시켈로스, 오비디우스, 핀다로스, 파우사니아스 등 수많은 고전 거장들에게 흘려 넘길 수 없는 끔찍한 사건이었다. 에우리피데스는 그의 작품 『메데이아』를 통해 이 침울한 사건을 연극 무대에 올려 두 아이의 유모를 통해 참극을 예고한다.

130
에우리피데스, 『메데이아』
98행~

"사랑스런 아이들아, 너희 어머니가 화를 끌어올리는구나. 분노의 불을 지피고 있어. 그 눈에 띄지도, 다가가지도 말거라. 그 난폭함을, 오만한 영혼의 잔혹한 기질을 조심하려무나. 분노의 구름이 피어오르기 시작했으니 곧 격분의 급류로 쏟아질 것이 분명하구나. 불행에 물어뜯기고 미친 열정에 사로잡혀 진정할 길 없는 영혼이 무슨 짓인들 못하겠느냐?"**130**

| 붓질 | 속 | 이야기 |

❶ **하늘의 여광** | 캔버스 왼쪽 상단, 동굴에 난 구멍으로 하늘과 구름이 보인다. 동굴의 숨 막히는 공기가 빠져나갈 유일한 창이다. 이 좁다란 통로로 생생한 빛이 떨어져 메데이아와 두 아이의 몸을 비춘다. 바닥에 말라붙은 풀은 하늘이 태곳적부터 내려주던 선물, 물과 빛이 없이는 생명이 존재할 수 없다고 말한다.

❷ **빛과 그림자** | 신기하게도 메데이아의 조각 같은 얼굴에 드리운 그림자

를 옥에 티로 지적하는 비평가들이 적지 않다. 그러나 실은 바로 여기에 들라크루아의 천재성이 담겨 있다. 관객의 시선을 마녀의 새하얀 어깨와 묵직한 가슴으로 잡아끌어, 비운의 여신을 순식간에 풍요와 다산의 원형으로 바꿔놓기 때문이다. 엄마의 가슴만큼 창백한 두 아이의 상아빛 몸뚱이도 그 효과를 배가시킨다.

❸ **죽음처럼 강렬한 단검** | 죽음의 칼자루를 쥔 메데이아의 주먹이 잔뜩 경직되어 있다. 이처럼 끔찍한 묘사가 또 있을까? 그림 속 견고한 피라미드 구도를 수직으로 내리꽂은 예리한 칼날과 어린 두 희생양의 둥글둥글한 곡선이 대조되어 애처롭다. 그 아래, 메데이아의 검붉은 치맛자락은 최후의 단검이 불러올 피바람을 예고하는 듯하다.

| 그림을 | 말하다 | **분노에 숨겨진 슬픔과 두려움**

메데이아의 비극이 숱한 예술가들에게 영감을 주었다지만 들라크루아의 작품은 보기 드문 독창성을 자랑한다. 무엇보다 압권은 마녀의 모습이다. 형태도 색채도, 화가는 오비디우스의 『변신 이야기』 속 세부 묘사를 심상치 않은 분위기로 살려냈다.

"메데이아는 드레스를 펄럭이며 맨발로 궁전을 빠져나왔다. 드러낸 두 어깨 위로 머리가 헝클어져 (…) 메데이아는 헝클어진 머리로 바쿠스의 여사제처럼 불타는 제단 주위를 돌았고 어두운 피의 구덩이에 불씨를 던져 두 제단을 지폈다."[131]

그러나 들라크루아의 천재성은 사악함에만 초점을 맞추지 않았다는데에 있다. 조금이라도 눈썰미 있는 관객이라면 메데이아의 광기에

131
『변신 이야기』 제7권 182행〜, 258행〜

는 분노만큼 두려움이 서려 있다는 것을 눈치챘을 것이다. 사건의 핵심은 그녀가 낳은 두 아이의 운명이 이아손의 부정 때문에 위태로워졌다는 것이다.

또한 이미 남동생을 토막 살인한 적 있는 냉혹한 여주인공이 여기서는 피에 굶주린 광녀라기보다 잔인한 운명의 희생자로 보인다. 초점 잃은 눈동자의 소름 끼치는 고요함은 그녀가 무고한 두 어린애를, 제 자식들을, 듣지도, 보지도, 알아보지도 못한 채, 제물로 불태우려 한다고 말한다. 어쩌면 애들 아버지의 부정에 복수하려는 것이 아니라, 그 부정이 몰고 올 참혹한 운명으로부터 아이들을 구하려는 의도일지 모른다. 그런 의미에서 보면 위압감을 주는 거친 배경과 대조적으로 보석과 고급 옷감으로 치장한 성난 여주인공의 풍만한 관능미가 더없이 의미심장하게 다가온다. 가장 가슴 저린 부분은 겁먹은 두 아이와 이성을 잃은 어머니가 피라미드 모양으로 뒤엉킨 모습이다. 평화롭고 행복하던 가정이 고대 신화 전체를 통틀어 가장 참혹한 비극으로 치닫고 있다.

◎ 고대 여성혐오의 표적이 된 메데이아

그림, 문학, 음악, 헤아릴 수 없이 많은 작품에 영향을 미친 메데이아는 신들에게 버림받은 가문 출신이다. 그래서 고대인들은 신화 속 온갖 저주를 그녀에게 퍼부었다. 그러나 현대에 와서는 여러 작가들이 이런 해석에 반대하고 나섰다. 그들은 출처마다 많은 차이를 보이는 고대 자료를 근거로, 메데이아가 이아손의 부정이 몰고 올 위험으로부터 자녀를 보호하려는 어머니라고 주장한다. 동시에, 머나먼 고대의 내로라는 영웅에게 대항하여 지극히 수컷적인 비열함을 까발린 자유로운 여성, 그래서 파문을 일으킨 여성으로 해석하고 있다.

디도에게 트로이의 멸망에 대해 이야기하는 아이네이아스

_피에르 나르시스 게랭

| 신화를 | 말하다 | 나라 잃은 자의 쉼터

아이네이아스 하면 가장 먼저 떠오르는 장면은 연로한 아버지 안키세스를 어깨에 둘러업고 불타는 트로이를 빠져나오는 효자의 모습이다. 『비블리오테케』의 저자는 "그리스인들이 그의 효성을 보고 그를 살려주었다"[132]라고 기록했다. 일찍이 헤시오도스는 아이네이아스가 출생부터 신성했음을 밝혔다.

"고운 머리띠의 키테레이아(아프로디테-베누스의 별칭)는 이데 산의 여러 봉우리 중 녹음이 덮인 산봉우리에서 영웅 안키세스와 사랑의 기쁨을 맛본 후 아이네이아스를 잉태했다."[133]

트로이 왕자이자 훗날 로마 건국의 기원이 된 아이네이아스에 대한 전설은 주로 로마 시인 베르길리우스의 『아이네이스』에 근거한다. 이 서사시는 파리스의 심판(194쪽)으로 쓰라

피에르 나르시스 게랭, 〈디도에게 트로이의 멸망에 대해 이야기하는 아이네이아스〉, 1815년, 캔버스에 유채, 292×390cm, 프랑스 파리, 루브르 박물관.

린 모욕을 당한 유노(헤라)가 걷잡을 수 없는 분노로 이미 멸망한 트
로이의 탈주병들마저 추격하며 풍랑을 일으키는 것으로 시작한다.
천신만고 끝에 카르타고 해안에 정박한 아이네이아스와 부하들은 그 지역을 다스리는 디도 여왕을 알현하고, 그날 저녁 호화로운 연회에 초대되어 융숭한 대접을 받는다. 헌주가 끝나자 여왕은 영웅에게 모험담을 들려달라고 요청한다. 그렇게 시작된 기나긴 이야기가 서사시의 제2장과 제3장으로 이어지는데, 화가는 바로 그날의 분위기를 그림에 담고자 했다. 아이네이아스는 트로이의 멸망과 기나긴 방랑과 아프리카 해안에 표착한 사연을 감정을 추스르며 풀어놓는다. 여왕과 영웅의 장대한 러브스토리가 시작되는 순간이자 장차 일어날 비극의 씨앗이기도 했다. 얼마 지나지 않아 어서 다시 이탈리아로 배를 띄우라는 메르쿠리우스(헤르메스)의 재촉에 아이네이아스가 일행을 모아 야반도주해버렸기 때문이다. 그는 그렇게 자기 사명을 위해 떠났다지만, 이 청천벽력 같은 소식을 아침에야 듣게 된 디도는 사랑하던 연인과 그의 운명을 저주하며 자살하고 만다.

| 붓질 | 속 | 이야기 |

❶ **아이네이아스의 수호신, 넵투누스** | 아이네이아스가 넵투누스(포세이돈) 곁에서 입을 떼게 된 것은 단순한 우연이 아니다. 바다의 신이자 트로이인의 충실한 동맹인 넵투누스는 유노가 일으킨 태풍을 잠재우도록 바람의 신에게 지시하여 죽을 위기에 처한 트로이 왕자와 그 부하들을 구해내지 않았던가? 신상이 들고 있는 삼지창이 그의 정체를 명확히 알려준다. 분노의 순간에는 바로 이 삼지창으로 바다를 때려 파란을 일으킨다.

❷ **운을 떼는 아이네이아스** │ 그림 속 유일하게 능동적인 인물, 아이네이아스는 계랭의 붓끝에서 음유시인의 포즈로 탄생했다. 영웅을 노래하는 이야기꾼처럼 『아이네이스』 제2곡의 서두를 시작할 것만 같다.

"모든 청중이 입을 다물고 위대한 아이네이아스에게로 얼굴을 향했다. 그러자 높다란 소파에서 영웅이 입을 열었다.

여왕이시여, 호화롭던 트로이와 비통한 왕국이 어떻게 아카이아인들에게 헐리게 되었는지, 그 말할 수 없는 고통을 되짚어보라 명하시는군요. 나는 이 끔찍한 불행의 목격자이고, 또한 거기에 한몫을 단단히 했습니다."[134]

134
『아이네이스』 제2권 1행~

❸ **어린 아스카니오스** │ 아이네이아스와 트로이 공주 크레우사의 아들인 아스카니오스는 아버지와 할아버지 안키세스를 따라 트로이를 도망쳐 나왔다. 『아이네이스』에서 그는 생존한 트로이인들에게 새로운 건국의 살아 있는 희망으로 여겨진다. 훗날 아버지가 죽은 후에는 할머니인 베누스(아프로디테)의 보호 속에 라틴족을 다스린다. 이탈리아 땅에서 일어날 일이다. 그는 에트루리아인을 정복하여 알바롱가의 첫 번째 왕이 되고, 약 3세기 후 로마를 건국할 로물루스의 직계 조상이 될 것이다.

│ 그림을 │ 말하다 │ **운명은 이미 벌어지고 있다**

어스름한 카르타고 해안을 배경으로 디도의 궁전 호사스런 내실에 네 사람이 모였다. 마치 연극 무대를 보는 듯하다. 대리석 기둥, 호랑이 가죽, 고급스러운 소파와 진귀한 옷감…… 모든 것이 이 도시의 풍요와 그 명운을 손에 쥔 가문의 부유함을 말해준다. 왼쪽에 자리 잡은 아이네이아스는 이미 트로이 멸망에 대한 이야기를 시작했다.

맞은편에는 긴 소파에 나른하게 몸을 기댄 여왕과 그 여동생 안나가 보인다. 영웅의 어린 아들 아스카니오스도 함께 서 있다. 여왕은 한 눈에 보아도 이야기에 흠뻑 빠져 나긋한 표정이지만 장난기 가득한 알몸의 사내아이는 사뭇 다르다. 프리기아 모자에 활을 든 모습이 어딘가 사랑의 신과 닮은 데다, 아직도 여왕의 손에 남아 있는 사별한 남편과의 연결고리, 결혼반지를 슬며시 빼내려하지 않는가?

피어나는 사랑에 취하고 기품 있는 용사의 매력에 젖어 디도는 노곤해 보인다. 뜨거운 열정 위로 이미 어두운 그림자가 드리웠지만 그녀는 전혀 감지하지 못한다. 언니보다 총명한 안나는 염려와 우수에 찬 기색이다. 원경의 불그스름한 풍경만이 지나간 트로이의 멸망과 조만간 애인이 떠난 후 여왕이 몸을 던지게 될 불길을 떠올리게 한다. 방파제 끝에 우뚝 선 등대는 영웅에게 출항을 명하는 듯하다. 그렇게 운명에 이끌려 당도할 이탈리아 땅에서 아이네이아스는 방랑의 마침표를 찍을 것이다.

◎ 서사극을 헌정한 퍼셀과 베를리오즈

지난 사백 년간 음악 장르의 중심에 선 오페라는 아이네이아스 이야기를 빠뜨리지 않았다. 유럽의 서정적 기지를 가득 머금은 토양이기 때문이다. 베르길리우스에게서 소재를 끌어온 모든 작곡가들 가운데 단연 눈에 띄는 이름은 퍼셀과 베를리오즈다. 두 사람의 작품은 거부할 수 없는 독창적인 매력이 있다. 1689년, 헨리 퍼셀의 「디도와 아이네이아스」는 막대한 영향력으로 보나, 그 유명한 마지막 장면에서 애통하는 디도의 강렬한 표현력으로 보나, 동서고금을 막론하고 바로크 미학의 대표작으로 꼽힌다. 한편 로마 시인의 글을 일평생 사랑했던 엑토르 베를리오즈는 1863년 「트로이 사람들」을 통해 고대 유산에 대한 당대 최고의 경의를 표했다. 특히 디도의 죽음을 다룬 비극적인 에필로그는 숭고함의 정수를 보여주었다.

에코와 나르키소스

_니콜라 푸생

| 신화를 | 말하다 | **누구도 사랑할 수 없었던 자**

이 슬픈 전설을 가장 상세히 다룬 기록은 위대한 로마 시인 오비디우스의 『변신 이야기』다. 고대 최고의 예언가 테이레시아스는 물의 님페이자 어린 나르키소스의 어머니인 리리오페에게 "그가 자신을 알지 못하면 노후까지 살 수 있을 것"[135]이라는 수수께끼 같은 말을 남긴다. 그러나 신탁이 무색하게 젊은 나르키소스는 남녀 모두에게 열렬한 사랑을 받으며 천복을 타고난 듯했다. 흠이라면 정작 자신은 그 누구도 사랑할 줄 몰랐다는 것이다. 하지만 운명은 비켜갈 수 없는 법. 어느 날 사냥을 나선 그는 숲의 님페 에코를 만난다. 에코는 헤라의 저주로 자신이 하고픈 말 대신 남의 마지막 말만 따라할 수 있었다. 그런 까닭에, 사랑에 눈이 멀어도 입도 뻥끗 못하고 나르키소스를 숨어서 훔쳐볼 뿐이었다. 그러

니콜라 푸생, 〈에코와 나르키소스〉,
1630년경, 캔버스에 유채, 74×100cm, 프랑스 파리, 루브르 박물관.

다 우연한 나르키소스의 외침에 메아리가 되어 따라했다.

"우리 만나."

"우리 만나!"[136]

그러곤 잘생긴 청년의 품에 와락 뛰어들었다. 짧은 행복의 대가는 잔

인했다. 콧대 높은 사냥꾼은 가련한 님페를 매몰차게 밀쳐냈고, 에코

135
『변신 이야기』 제3권 347행~

136
『변신 이야기』 제3권 385행~

는 숲과 동굴의 고독 속에 영원히 시들어갔다. 이토록 차가운 마음씨는 벌을 받아 마땅했다. 그에게 고백했다가 거절당한 또 다른 누군가의 소원을 듣고 복수의 여신 네메시스가 그를 샘가로 유도했다. 그곳에서 목을 축이던 나르키소스는 제 모습을 보고 사랑에 빠졌다. 물에 비친 자신에게 반해 눈을 떼지 못하던 그는 답답한 나머지 옷을 벗고 자기 가슴을 때렸다. 물가를 떠나지 않던 그는 서서히 생기를 잃었고 목숨을 잃었다. 그가 남긴 끝인사 "안녕히……"[137] 한마디는 슬픔에 찬 에코만이 받아주었다.

137
『변신 이야기』 제3권 501행~

| 붓질 | 속 | 이야기 |

❶ 어두운 구름 빛 | 지평선 배경에 먹구름이 인다. 비극의 현장을 곧 우울의 장막으로 덮을 기세다. 푸생의 작품이 늘 그렇듯, 자연은 인간이 예측할 수 없는 처절한 갈등의 무대로 쓰인다.

❷ 숲의 님페 에코 | 에코는 푸생의 작품 곳곳에 등장한다(〈플로라의 승리〉, 〈플로라의 제국〉, 〈바쿠스의 탄생〉). 그러나 여기서는 즐겁지도, 젊지도, 아름답지도 않다. 그래서 오비디우스의 시를 떠올리게 한다.
"근심은 그녀의 가련한 몸을 고갈시켰고 잠들지 못하게 했다. 피부가 야위어 오그라들었고 촉촉한 생기는 공기 중으로 사라졌다. 그녀는 목소리와 뼈만 남았다. 그러다 목소리만 잔존했고, 뼈는 돌이 되어버렸다고들 했다."[138]

138
『변신 이야기』 제3권 395행~

❸ 나르키소스와 수선화 | 샘물가, 죽음의 거울 옆에 축 늘어진 나르키소스

가 한창 때의 완벽한 몸매를 그대로 간직하고 있다. 푸생이 기록에 얽매이지 않았다는 증거다. 그러나 원문의 묘사는 명확하다.

"이제 더 이상 홍조 띤 하얀 피부가 아니었다. 생기와 활력과 방금 전까지도 눈을 즐겁게 하던 모든 것과 한때 에코가 사랑했던 몸까지, 이젠 아무것도 존재하지 않았다."[139]

139
『변신 이야기』 제3권 491행~

그래서 그의 시신을 찾아 나선 나이아데스와 드리아데스도 하얀 꽃잎이 노란 중심부를 두른 수선화밖에 보지 못했다. 하지만 여기서 푸생은 다시 한번 자유롭게 붓질을 했다. 꽃이 대신해야 할 몸을 그대로 두고, 그 아래에 꽃을 그려 넣었다.

❹ **화살 없는 쿠피도** | 꼬마 신의 모습이 수상쩍다. 쿠피도는 여기서 유일하게 살아 있는 존재지만 자신이 초래한 비극에 무관심하다. 화살도 버렸다. 자기도 어쩔 수 없다는 뜻이다. 그 대신 횃불을 들고 나타나, "횃불 머리에 바른 유황이 다가오는 불씨를 보면 열렬히 붙잡아 타오르듯"[140] 그렇게 정념에 불타버린 에코의 불행을 이야기한다.

140
『변신 이야기』 제3권 373행~

| 그림을 | 말하다 | **푸생이 다시 읽은 오비디우스**

푸생 정도의 예술가라면 단순히 신화를 그리는 것만으로는 만족할 수 없다. 예술가들은 같은 원본에 대해서도 예리하고 오랜 성찰을 담아 자기만의 이야기를 만들어내고, 나아가 그 시대의 해석을 탄생시킨다. 17세기에 오비디우스 번역본이 다수 쏟아져 나온 것도 그런 욕구에 부응한 것이었다. 푸생은 나르키소스 신화의 마지막 장면을 선택했다. 아름다운 소년은 샘가에 몸져누워 자기 이름을 따서 불리게

◈ 본다는 것에 대한 연구

카라바조, 〈나르키소스〉, 1597년경, 캔버스에 유채, 112×92cm,
이탈리아 로마, 바르베리니 궁전.

이 그림의 작가에 대해서는 아직도 의견이 분분하지만 작품의 가치만큼은 논란의 여지가 없다. 포개면 꼭 맞아떨어질 듯 둘로 나뉜 화폭은 나르키소스의 알 수 없는 자기 파괴를 그대로 담고 있다. 물에 비친 모습을 뒤집어 표현한 솜씨는 찬사가 아깝지 않고, 특히나 셔츠 주름은 감동적이다. 이 그림을 통해 작가는 세상의 보이는 모든 것, 모든 시각 정보가 허상에 지나지 않는다고, 특히 그것이 스스로에 대한 이미지라면 더욱 그렇다고 말한다.

될 꽃을 머리맡에 두고 결국 죽음을 맞았다. 그사이 에코는 기대앉은 바위와 서서히 한 몸이 되었다. 님페의 모습은 안쓰럽기 짝이 없다. 오비디우스에 따르면 그 존재가 소리로만 남아서 죽어가는 짝사랑의 마지막 말들을 하염없이, 애처롭게 따라했다. 푸생은 젊은 여인을 가슴 저미게 풍화시켰다. 몸은 돌처럼 굳었고, 손과 발은 흐릿해져 이룰 수 없는 꿈의 환영이 되었다.

그림 앞에 선 관객은 현실의 시공이 순간 삭제된 듯한 불안을 느낀다. 목소리만 남은 에코는 오래 전 사라진 것이 틀림없어 보이는데, 어찌하여 나르키소스는 오랜 세월 시들어도 샘가에 도착하던 처음처럼 생기가 있는 걸까? 횃불을 든 쿠피도의 존재도 설명이 필요하다. 결국은 같은 대상을 향했던 나르키소스와 에코의 세속적 정념이 모두 사랑의 꼬마 신 탓이라고 밖엔 할 수 없겠다. 끝으로, 그림 속 신화의 상징성 문제가 남는다. 껍데기만 남은 불운한 사냥꾼은 죽은 그리스도의 형상을 떠올리게 한다. 그러나 디테일 하나에도 의미를 담는 푸생은 붉은색과 흰색의 평범한 천으로 그를 감쌌고, 두 색의 어우러짐은 성스러운 순교자가 아니라 순결했던 사랑의 역설을 이야기한다.

사비니의 여인들

_자크-루이 다비드

| 신화를 | 말하다 | **창끝 사이로 뛰어든 여자들**

로마 건국 설화와 깊숙이 얽혀 있는 사비니 여인들의 이야기는 티투스 리비우스와 플루타르코스 같은 로마 역사학자들을 통해 전해진다. 모든 것은 과격한 사건과 함께 시작되었다. 로물루스와 전사들이 사비니의 젊은 여인들을 납치한 것이다. 고대 이탈리아의 산악 부족이었던 사비니들은 딸들이 로마인들과 사귀지 못하도록 금하고 있었고, 이에 혈기왕성한 전사들이 기마병 축제를 틈타 여인들을 대거 납치하기에 이른 것이다. 하지만 그들은 여인들을 함부로 범하지 않았으며 그들이 자유인 남성과 결혼하여 자유인을 낳을 수 있도록 모든 혜택을 아낌없이 베풀었다. 사비니 남자들이라고 물론 가만있을 수 없었다. 그래서 삼 년 후 그들은 로마로 쳐들어온다. 티투스 리비우스의 『로마사』에 따르면 수적으

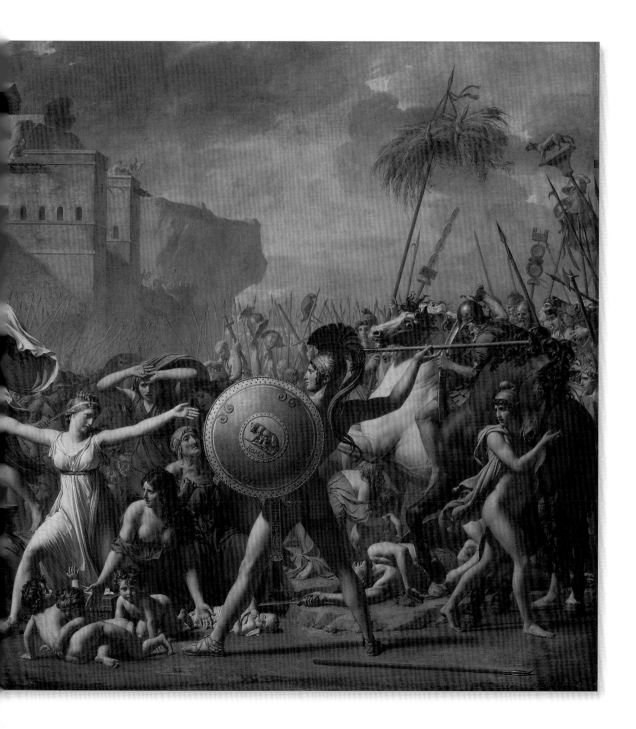

로 열세이던 로마인들이 초반에 잠시 밀리다가 이내 기력을 되찾아 전세를 역전시켜가던 그때, 여자들이 나섰다.

"그러자 납치를 당해 전쟁의 불씨가 되었던 바로 그 사비니 여인들이 여성 특유의 소심함을 떨치고 일어났다. 머리는 헝클어지고 옷은

흐트러진 채, 두 군대 사이, 비 오듯 쏟아지는 창들 사이로 과감히 몸을 날렸다. 여인들은 싸움을 말리고, 분노를 달래고, 혹은 아버지에게 혹은 남편에게 말했다. 자기들로 인해 장인 혹은 사위의 무고한 피를 손에 묻히지 말라고, 자기 뱃속의 아이에게, 그들의 아들 혹은 손자에게, 존속 살해와 연루된 폐륜아 딱지를 이마에 남기지 말아달라고 매달렸다."[141]

상황이 고요해지자 양측 지도자가 나와서 평화조약을 맺었다. 그렇게 두 나라는 합병했다.

"두 왕이 제국을 분할 통치했고 수도는 로마에 세워졌다. 그리하여 로마는 두 배로 강성해졌다."[142]

141
『리비우스의 로마사』 제1권 13장 1번~

142
『리비우스의 로마사』 제1권 13장 4번~5번

| 붓질 | 속 | 이야기 |

❶ **그리스인들이 사랑한 나체** | 거대한 작품을 뒤덮은 벌거벗은 전사들의 모습이라니! 작품 관람을 위해 1.80프랑의 세금을 지불하고 입장한 관객들은 그 앞에서 충격을 감추지 못했다. 특히 타티우스는 요행히 칼집으로 특정 부위를 가렸다지만 그럼에도 어이없는 차림새다. 그러자 화가는 해명을 하기에 이르렀고 전시장 입구에 비치된 브로슈어에 다음 문구가 삽입되었다.

"영웅이나 신들, 더 보편적으로는 보여주고픈 인물들을 그릴 때 나체로 표현하던 고대의 화가, 조각가, 시인들의 풍습을 그대로 따랐습니다."

❷ **헤르실리아의 연설** | 격앙된 남자들의 칼을 빼앗던 헤르실리아

의 외침을 티투스 리비우스는 이렇게 전한다.

"우리를 하나로 잇는 이 관계, 이 혼인이 그대들에게 혐오스러운 것이라면, 그 분노를 우리에게 돌리십시오. 우리가 바로 전쟁의 원흉이자 우리 남편과 아버지를 피 흘려 죽게 만든 화근입니다. 그대들 없이 과부나 고아로 사느니 죽는 것이 낫습니다."[143]
이 멋진 연설에 사람들은 동작을 멈췄다. 동족상잔이 그쳤고 화해 분위기가 조성되었다.

143
『리비우스의 로마사』 제1권
13장 2번

❸ **전경에 그려진 아이들** | 회화의 논리와 현실의 논리는 다르기에 그림 속 아기들의 존재가 더없이 자연스러워 보인다. 성난 전사들의 틈바구니에 끼어 천진난만하게 노는 모습. 그 상징성은 명확하다. 잔인하고 무분별한 어른들의 게임, 전쟁의 어리석음을 강조하고 그 대안으로 모성애를 제시한다.

❹ **무기여, 안녕히** | 온몸으로 전사들을 막아선 헤르실리아로 인해 상황이 일시정지 된 사이, 전장의 주요 인물들은 그대로 굳어버렸고 로마의 기마 장군은 칼을 다시 집에 꽂는다. 다른 병사들보다 연로한 그는 아마도 두 나라의 앞날을 해치는 무익한 싸움의 잔인함을 남들보다 먼저 깨달은 듯하다.

| 그림을 | 말하다 | **다비드가 재현한 순수한 고전**

다비드가 그리기로 한 것은 그 유명한 납치 장면이 아니라 화해의 순간이었다. 그의 선택은 역사에 발맞추고 있었다. 〈사비니의 여인들〉

을 발표한 해, 프랑스에서는 거센 혁명기가 저물고 있었던 것이다. 그러나 또 한편으로 여인들의 납치는 이미 수많은 거장들이 다뤘던 테마였고, 그중에는 푸생도 있었다. 다비드는 존경하는 선배 예술가에게 도전장을 내밀고 싶지 않았다고 겸손히 시인한다.

"납치 장면은 강단 있고 감동적인 푸생의 붓질로 이미 그려진 바 있다. 오늘날의 로마인들이 신의 경지라고까지 칭한 작가다. 나는 조심스레 그 역사의 뒷이야기를 다뤄보았다. 사비니 여인들이 사비니 남자들과 로마 군대를 떼어놓는 순간 말이다."

실제로 캔버스 중앙에는 조각 같은 헤르실리아가 단호히 두 팔을 벌려 싸움을 중지시킨다. 한쪽엔 남편 로물루스가 창을 쥔 채 멈춰 섰고, 반대편엔 아버지 타티우스가 사위의 화살을 막고자 방패를 들었다. 뒤쪽에선 한 여자가 싸우는 무리 앞에 갓난아기를 들어 보인다. 그사이, 앞쪽의 또 다른 여자는 풍만한 가슴을 드러내며 젖먹이의 존재를 알린다. 남녀 불문, 전장 속 모든 인물이 완벽한 신체미를 자랑하는 것은 화가가 지고의 모델인 고대 예술품을 섬세히 모방한 덕분이다. 다비드는 친구 들레클뤼즈에게 "순수한 그리스를 그리고 싶다. 내 눈을 고대 조각들로 채우고 그중 몇 점은 모방할 생각"이라고 밝혔다.

이 걸작의 놀라운 특징 중 하나는 최소한의 인물로 북적대는 인파를 만들어낸 효과다. 전신이 온전히 그려진 사람은 실상 열댓 명뿐이다. 나머지 대부분은 머리 위로 치켜든 창이 존재감을 대신했다. 그 너머 로마 성곽은 거대해 보인다. 당대 실존했던 촌락과 비교하면 터무니없을 정도다. 가장 뒤편, 범상치 않은 구름 아래 위협적으로 솟은 타르페이아 바위와 그 바로 옆, 승리의 카피톨리움 언덕은 기지개를 켜기 시작한 로마 제국의 두 얼굴을 보여준다.

레우카디아의 사포

_앙투안-장 그로

앙투안-장 그로,
〈레우카디아의 사포〉,
1801년, 캔버스에 유채,
122×100cm,
프랑스 바이외,
바롱 제라르 박물관.

| 신화를 | 말하다 | **명성으로만 남은 천재 시인**

사포의 운명은 느지막한 신화시대와 태동하는 역사의 경계, 그 어디쯤에 걸려 있다. 라파엘의 〈파르나소스〉(140쪽)에서도 우아함을 뽐낸 이 여성 시인은 분명 실존 인물이지만 이 땅에서의 삶(기원전 630~580)이 너무나 전설적인 베일에 가려져 있어서 흔적을 짚어보기가 쉽지 않다. 그리하여 사람들의 상상 속 사포는 여성 동성애 '사피즘'의 상징이자, 아도니스만큼이나 신비스러운 청년 파오와 불행한 사랑을 나누다 극적으로 자살해버린 여인이다. 고대 기록 속 그녀는 대단한 명성을 누렸다. 하지만 오늘날 남은 작품은 그저 몇 구절밖에 되지 않아 그녀만의 천재성을 논하기에는 부족하다. 이 그림에서 다뤄진 주제는 시인 메난드로스(기원전 343~292)의 극작품 「레우카디아」에서 따온 것이다. 이 작품은 사포가 레우카디아 섬의 바위에서 몸을 던졌다고 전하는데 십중팔구 지어낸 이야기로 추정된다. 어쨌거나 자살

의 원인은 파오라는 남자에게 실연을 당했다는 것이 전부다. 파오는 본래 통풍에 걸린 노인이었지만 아프로디테 여신이 청년으로 바꿔주었고, 그 모습에 아프로디테 자신도 반해버렸단다. 미덥잖게 들리는 이 이야기가 메난드로스 혼자 상상해낸 결과는 아닌 듯하다. 사포 자신도 스스로를 아프로디테와 동일시하는 긴 시를 지어서 설에 힘을 실어주었다. 그 시는 그녀의 작품 대부분처럼 모두 소실되어버렸고, 이제 미스터리를 밝히려면 우리에게 남은 실낱같은 희망은 고고학 발굴뿐이다. 그러면 신화 속 그 모든 난해하고 신비한 의문점들을 혹시 파헤칠 수 있을지 모른다.

| 붓질 | 속 | 이야기 |

❶ **눈을 감고 마주하는 영원** | 손에 쥔 리라, 다문 입술, 지그시 감은 두 눈. 사포는 영원 속으로 몸을 던진다. 우리에게 온전히 남은 그녀의 유일한 시구, 아름다운 「아프로디테의 송가」를 온몸으로 마지막으로 부르는 듯하다. 빛나는 보좌에 앉은 영원불멸의 아프로디테, 제우스의 딸, 베 짜는 여신이여, 그대에게 간구하나니, 오 여신이여, 내 영혼이 모욕이나 슬픔 속에 고통받게 두지 마시고 이리로 오소서. 옛적에 내 음성을 듣고 내게 귀 기울여주었듯, 당신 아버지의 금빛 처소를 떠나 수레를 타고 와주었듯.

❷ **베일 또는 수의** | 사포의 굴곡진 실루엣 옆으로 베일이 나부끼며 눈길을 끈다. 비단 놀라운 기법 때문이 아니다. 환히 빛나는 형이상학적 가벼움은 먼 하늘의 빛이 구체화하는 현실의 보다 고차원적인 조건들을 열망하고

있다. 하지만 동시에 수의가 주는 죽음의 이미지가 겹쳐진다. 지극히 감수성이 풍부했던 여주인공의 운명이 요동치는 순간이다.

❸ **석양이 남긴 전조** │ 이 어두운 그림에서 가장 을씨년스러운 분위기를 내는 것은 저물어가는 태양이다. 이미 물에 잠긴 것이나 다름없다. 이렇게 하루의 광채가 바다라는 차가운 무덤 속에 사라져가고, 사포는 그 바다에 뛰어들려 한다. 화가는 35년 후 자신이 그녀와 똑같은 방식으로 죽음에 몸을 던지게 될 줄 예감한 것일까? 진가를 인정받지 못하던 시대, 외로움과 앞으로 살아가야 할 삶에 지친 낭만주의의 위대한 선구자는 "나 자신을 해체할 결심이 섰다"라는 말을 남긴 채, 1835년 6월 25일, 파리 뫼동 근처 센느 강에 투신한다.

│ 그림을 │ 말하다 │ **소용돌이치는 감정을 배경으로 만든 그로**

앙투안-장 그로가 〈레우카디아의 사포〉를 살롱에 전시한 1801년, 관객들은 작품 속 어두운 밤 분위기에도 놀랐지만 몇 안 되는 색조가 빚어낸 깊은 아름다움, 나아가 한 편의 말없는 시에 감동했다. 이상적인 사랑을 꿈꾸던 여인이 무(無)의 문 앞에 이르렀고, 이제 스스로 정한 무덤에 몸을 던진다. 작가는 더 이상 되돌릴 수 없지만 아직 아무것도 완결되지 않은 찰나 속에 그녀를 담았다. 무결점의 정조를 늘 설파해온 신고전주의 화가답게 위험천만한 여성 시인을 모호하게 표현해냈다. 문란한 풍속을 즐기는 음악가 같기도, 흠 없이 순결한 문학가 같기도 하다. 옷에 가려진 아름다운 몸매는 그녀가 애제자인 소녀들에게 베풀던 사랑을 떠올리게 하고, 리라를 꼭 끌어안은 두 팔은 아폴론을 향한 뜨거운 헌신을 생각나게 한다.

그로의 독창성이 가장 두드러진 곳은 배경 처리다. 그는 낭만주의 화가들보다 이십 년을 앞서 음산한 색조의 배경을 선보였다. 모든 희망이 금지된, 그러나 번민하는 영혼들에게 무한한 시야를 열어주는 광활한 바다와 하늘이 펼쳐진다. 작품 오른쪽에 불꽃이 아직 남아 있는 것은 이곳이 등대 꼭대기이기 때문이다. 훗날 보들레르는 이렇게 노래한다.

"그것은 천 개의 보루 위에 밝혀진 하나의 등대,
너른 숲에서 길 잃은 사냥꾼의 한마디 외침!
(…)
뜨거운 오열이 대대로 흐르고 흘러
그대의 영원의 기슭에서 스러지는구나!"[144]

144
보들레르, 「등대들」

◎ **전설이 숨 쉬는 레우카디아**

이오니아 제도의 레우카디아(오늘날의 레프카다)는 케팔로니아 섬과 이타키 섬의 바로 위에 위치한 오디세우스의 왕국이다. 산과 농지가 있고 인구는 얼마 되지 않는 이 섬은 아름다운 해안 마을로도 유명하지만, 실제로 『오디세이아』의 주인공 오디세우스가 다스렸다고 믿는 고고학자들이 있을 만큼 신화적 유산이 풍성한 땅이다. 그 남쪽 해안에 우뚝 솟은 절벽은 하얀 활석으로 이루어져 섬의 이름에도 흔적을 남겼다('레우코스(leukos)'는 고대 그리스어로 '흰, 하얀'을 뜻한다). 바로 이곳에 사포의 추억이 생생히 남아 있다. 높이 약 72미터의 바위가 장관을 이루는 '레우카디아 곶'을 지날 때면 가이드들은 지금으로부터 이천 오백 년 전 비련의 여성 시인이 몸을 던진 장소라고 소개할 의무감을 느낀다.

미노타우로스와 죽은 암말

_파블로 피카소

그리스 신화 곳곳에 출몰하는 괴물들 중 가장 친숙한 것은 아마도 미노타우로스일 것이다. 무시무시한 다른 괴물에 비해 인간의 몸을 닮은 비율이 높기도 하고, 또 수천 년의 세월 동안 시, 문학, 그림, 심지어 음악까지, 믿기지 않을 만큼 다양한 작품에 등장하기 때문이다. 이 모든 이야기는 크레타 섬의 미노아 문명이 꽃피던 시절, 바다의 신 포세이돈이 미노스 왕에게 보낸 선물에서 출발한다. 그러나 순수한 선물은 아니었으니, 이 잘생긴 하얀 소는 다시 포세이돈에게 바치기로 되어 있던 제물이다. 그러나 미노스는 이 약속을 깨뜨려버린다. 성마른 포세이돈은 당연히 복수를 계획했고 미노스의 아내 파시파에(누구에게나 빛나는 자)에게 짐승을 향한 비뚤어진 욕정을 불어넣었다. 결국 파시파에는 무엇이든 만드는 다이달로스의 도움으로 소와 결합하는데, 이 해괴한 관계에서 인간의 몸과 황소의 머리를 가진 미노타우로스가 태어난다. 망측한 존재를 숨기고 싶던 미노스 왕은 다이달로스를 시켜서 도저히 이해할 수 없을 만큼 복잡하게 설계되어 절대 밖으로 빠져나가지 못하는 궁전을 하나 짓게 한다. 그렇게 라비란토스(미로)란 말의 어원이기도 한 신화가 탄생했다. 비밀 장소에서 자라난 미노타우로스가 오직 인간만 잡아먹었기 때문에 미노스에게 정복당한 아테네는 매년 처녀 총각 일곱 명씩을 제물로 바쳐야 했다. 잔인한 풍습은 테세우스가 등장할 때까지 계속된다. 테세우스는 자원해서 제물로 바쳐진 사람들 사이에 합류했고, 미노타우로스를 무찌른 후 유유히 미로 궁전을 빠져나간다. 기지 넘치는 미노스의 딸 아리아드네가 그에게 실 뭉치를 쥐어줘서 들어갈 때 풀린 실을 되감으며 빠져나오게 한 덕분이다.

파블로 피카소, 〈미노타우로스와 죽은 암말〉, 1936년,
종이에 잉크와 구아슈, 44×54.5cm, 프랑스 파리, 피카소 미술관.

미노타우로스와 죽은 암말

_파블로 피카소

해안 기슭에 음침한 동굴 입구가 보인다. 밖으로 뻗은 두 손이 허공을 휘젓고, 동굴에서 나온 미노타우로스가 배 갈린 말을 한 마리 안고 있다. 오른쪽에는 살짝 몸을 숨긴 여자(파시파에일까?)가 얼굴 앞 베일을 보호막처럼 잡아 양손으로 당긴다. 작품은 알쏭달쏭한 삼막극으로 나뉘어서 다양한 형체들의 관계를 이해할 아무 단서도 주지 않는다. 삼등분의 세로 구성이 너무 도식적으로 보이지 않도록 수평 분할은 하늘과 바다의 색을 혼합하여 균형을 맞추었다.

그나마 따뜻한 색을 입힌 곳은 동굴 겉면뿐이다. 그래서 바위 동굴의 어두운 안쪽은 한층 음산해 보이고, 뻗어 나온 두 손은 더욱 애처로워 보인다. 피카소는 죽은 말을 동굴 밖으로 끌어내는 미노타우로스처럼 아무렇지 않게 연인들을 버린 자신이 파렴치한 바람둥이라고 말하는 것일까? 그렇든 아니든 상관없다. 중요한 것은 신화의 핵심, 즉 자기 안의 야만스러운 잔인함을 인간적 번민과 함께 훌륭히 담아냈다는 사실이다.

◎ 미로 궁전, 크노소스

크노소스 궁전은 요새의 성격을 배제하고 장식에 중심을 둔 역사상 최초의 궁전이었다. 구불구불한 천여 개의 방이 이루 말할 수 없이 복잡하게 얽혀, 설계자 다이달로스조차 하늘을 날지 않고선 빠져나올 수 없었다는 라비린토스 신화의 기원이 되기도 했다. 크노소스 궁전의 원형은 기원전 2200년으로 거슬러 올라간다. 그러나 그 후에 지진으로 무너졌다고 추정되며 기원전 17~15세기에 재건과 보수를 거친다. 입구는 서편에 있었고 중앙에는 커다란 안뜰이 자리했다. 상부가 나팔처럼 벌어진 기둥이 각 층을 떠받쳤고 그 안에는 프레스코로 화려하게 장식된 방들이 있었다.

❶ 어둠에서 뻗어 나온 두 손

동굴 입구에서 정체 모를 불안한 손짓을 따라 시선을 옮기면 미노타우로스가 보인다. 한 번 더 시선을 옮기면 그림 오른편 베일에 가린 젊은 여자 얼굴이 보인다. 시체를 품에 안은 괴물이 정말 피카소라면 동굴 속 두 손은 그가 버린 여자의 손이 된다(죽은 말이 여자를 가리킨다고 본 것이다). 여자는 사력을 다해 그를 붙잡으려 한다. 아니, 반대로 거부의 손짓일지도 모른다. 그렇다면 버림받은 여인이 바라는 건 이제 어둠 속 안식일 것이다.

❷ 인간적 번민을 느끼는 괴물

괴물의 괴로워하는 표정이 참신하다. 분명 목덜미가 우람하고 팔뚝도 근육으로 다져졌지만 커다란 두 눈에는 당혹감이 묻어난다. 어딘가 슬퍼 보인다. 넓게 벌름대는 콧구멍과 의도치 않은 이마 주름까지, 씩씩대며 용쓰는 모습이 역력하다. 운명의 그림자에 흔들리지 않는 동물이라기보다 일평생 죽음의 동태를 살피느라 바쁜 인간에 가깝다.

❸ 거울 속, 사랑의 얼굴

하얀 옷에 화관을 쓴 젊은 여자가 얇은 베일 뒤로 얼굴을 숨긴다. 난해하다. 작가는 여인의 정체를 정확히 드러내기 싫었나 보다. 작품을 그린 1936년, 피카소는 동거녀 마리-테레즈를 버리고 도라 마르

에게 떠날 준비를 했다. 그 후 그녀와 팔 년을 함께한다. 여러 비평가들의 지적처럼, 신기하게도 베일 속 옆모습은 두 여인 모두를 닮았다. 비밀의 단서를 주지 않겠다는 의도가 엿보인다.

❹ 창백한 말

포세이돈이 미노스에게 보낸 소의 가장 큰 특징은 순백색이었다. 그런데 여기서는 말이 우윳빛으로 그려졌다. 작품을 둘러싼 모든 고전적인 해석을

흔들고 궁금증을 더하는 지점이지만 피카소는 사람들이 별걸 다 해석하려 한다며 짜증스러워 했다.

◈ 그리스와 로마의 판테온 ◈

'판테온'(그리스어로 Πάνθειον)은 어원에 따르면 '신들의 집합'을 뜻한다. 로마 판테온은 그리스 판테온을 모사하되 거의 모든 신들에게 라틴어 이름을 지어주었다. 아래 첫 번째 표는 신전이 있던 그리스의 최고봉, 올림포스 산의 신들을 정리했다. 흔히 열두 명으로 알려져 있지만 실제로는 열네 명이었고, 그중 몇은 하계를 다스리는 하데스처럼 신전에 이따금씩 들르거나 이름만 올려둔 정도였다. 소개 순서는 시간적 선후관계나 신화에서 차지하는 비중에 따랐다. 제우스(유피테르)와 헤라(유노)의 독보적 입지에 관해서는 이론의 여지가 없기 때문이다. 한편 그 외 신들은 독자의 편의를 위해 철자 순으로 정리했다.

올림포스 판테온(주신들)

그리스	로마	주요 속성
제우스	유피테르	신들의 왕, 천둥을 주관하고 천상을 다스림.
헤라	유노	신들의 여왕, 결혼과 출생의 여신
포세이돈	넵투누스	바다와 강의 신
아테나	미네르바	전쟁·지혜·기술·예술가·교육자의 신
아레스	마르스	전쟁의 신
아폴론	아폴로	음악·시·빛·의술의 신
아르테미스	디아나	사냥과 달의 여신
헤파이스토스	불카누스	불과 대장장이의 신
아프로디테	베누스	사랑과 미의 여신
헤르메스	메르쿠리우스	교역의 신이자 신들의 전령

올림포스 판테온(조건부 신들)

그리스	로마	주요 속성
헤스티아	베스타	화로의 여신
데메테르	케레스	자연·농경·풍요의 여신
하데스	플루토	저승의 신
디오니소스	바쿠스	포도나무와 축제의 신

그 외 신들

그리스	로마	주요 속성
아스클레피오스	아이스쿨라피우스	의술의 신
보레아스	아퀼로	북풍의 신
카리테스	그라티아이	삼미신
크로노스	사투르누스	티탄족의 왕
에뉘오	벨로나	싸움의 여신
아이올로스	아이올로스	바람의 신
에오스	아우로라	새벽의 여신
에리니에스	푸리아이	복수의 여신들
에레보스	에레보스	암흑의 신
에리스	디스코르디아	불화의 여신
에우로스	불투르누스	동풍의 신
가이아	테라	대지의 여신
헤베	유벤타스	젊음의 여신
헬리오스	솔	태양신
헤라클레스	헤르쿨레스	힘의 반신
히기에이아	살루스	건강의 여신
힙노스	솜누스	잠의 신
에일레이티이아	루시나	출산의 여신
모이라이	파르카이	운명의 여신들
무사이	카메나이	교칼리오페(서사시), 클레이오(역사), 에라토(서정시), 에우테르페(음악), 멜포메네(비극), 폴리힘니아(수사학), 테르프시코레(가무), 탈레이아(희극), 우라니아(천문)
노토스	아우스테르	남풍의 신
닉스	녹스	밤의 여신
우라노스	카일루스	하늘의 신
판	파우누스	목신
페르세포네	프로세르피나	씨앗의 여신
레아	옵스	티탄족의 여왕
셀레네	루나	달의 여신
타나토스	모르스	죽음의 신
테미스	유스티티아	질서의 여신
제피로스	파보니우스	서풍의 신

◈ 작가 색인 ◈

고대 이탈리아부터 바로크 플랑드르파, 스위스 상징주의와 프랑스 낭만주의, 영국 라파엘전파를 거쳐 현대 스페인까지, 여기에 소개된 마흔두 명의 거장들은 각 시대 각 지역에서 감동적인 신화의 조각을 맞춰갔다. 아래 색인은 그들이 신화화와 맺은 관계에 특별히 초점을 두고 있다. 혹은 즐겨 찾았고, 혹은 가끔 들렀고, 혹은 처음이자 마지막으로 발을 들였던 분야에 관한 기록이다.

게랭, 피에르 나르시스 Guérin, Pierre Narcisse (1862~1918)

〈디도에게 트로이의 멸망에 대해 이야기하는 아이네이아스Énée racontant à Didon les malheurs de la ville de Troie〉 – 284쪽

게랭은 고대 신화 열풍에 열렬히 동참했고 낭만주의적 영감을 십분 발휘했다(〈에우리디케 무덤가의 오르페우스Orphéeau tombeau d'Eurydice〉, 〈안드로마케와 피로스Andromaque et Pyrrhus〉, 〈프리아모스의 죽음Priam〉, 〈페드르와 이폴리트Phèdre et Hippolyte〉, 〈주저하는 클리타임네스트라Clytemnestre hésitant〉).

고야, 프란시스코 데 Goya, Francisco (de) (1746~1828)

〈자식을 삼키는 사투르누스Saturne dévorant l'un de ses enfants〉 – 14쪽

작가는 로마에서 신고전주의 미학에 눈떴다. 젊은 시절에 남긴 신화화에 그 영향이 엿보인다(〈목신Pan〉, 〈미노타우로스Le Minotaure〉). 이후 고대 신화에는 등을 돌렸지만 그럼에도 말년에 남긴 〈자식을 삼키는 사투르누스〉가 걸작으로 꼽힌다.

그로, 장 앙투안 Gros, Jean Antoine (771~1835)

〈레우카디아의 사포Sappho à Leucate〉 – 302쪽

시대를 앞서간 낭만주의자. 그로는 당대 미술계의 신화 열풍에 느지막이 합류했지만 빛을 보진 못했다. 1835년 살롱에서 〈디오메데스를 쓰러뜨린 헤라클레스Hercule écrasant Diomède〉가 혹평을 받자 자살에 이른 것으로 추정된다.

글레이르, 샤를 Gleyre, Charles (1806~1874)

〈바카이의 춤La Danse des Bacchantes〉 – 92쪽

이탈리아, 그리스, 중동의 견문이 넓은 스위스 예술가. 글레이르는 신고전주의 성향이 느껴지는 고대풍 작품(〈다이

아나Diane〉, 〈비너스Vénus〉, 〈다프니스와 클로에Daphnis et Chloé〉)과 당대 유행하던 낭만주의 물결 사이를 오갔다.

나폴레타노, 필리포 Angeli, Filippo (D') (dit Napoletano) (1587~1629)

〈넵튠과 암피트리테의 승리Le Triomphe de Neptune et d'Amphitrite〉 – 32쪽

나폴리에서 등단한 이탈리아 화가. 역사화와 종교화로 두각을 나타냈으며 신화화는 드문 편이다(〈트로이의 화재 L'Incendie de Troie〉, 〈고대 기마병의 전투Bataille de cavaliers antiques〉).

다비드, 자크-루이 David, Jacques-Louis (1748~1825)

〈파리스와 헬레네의 사랑Les Amours de Pâris et d'Hélène〉 – 248쪽

〈헥토르의 죽음을 슬퍼하는 안드로마케La Douleur d'Andromaque〉 – 260쪽

〈사비니의 여인들Les Sabines〉 – 296쪽

다비드는 프랑스 혁명과 나폴레옹 시대의 가치가 그대로 녹아 있는 고대 문명의 이상에 매료되었다. 놀라운 통찰력을 지닌 신화화의 최고 거장으로 꼽힌다.

뒤부아, 루이-자크 Dubois, Louis-Jacques (1768~1843)

〈헤라Héra〉 – 26쪽

프랑스 제정기를 살았던 뒤부아는 판테온 주요 여신들을 개성 있게 묘사해 유명하다(〈헤라〉, 〈플로라Flore〉, 〈케레스 Cérès〉, 〈헤베Hébé〉, 〈다이아나Diane〉). 언제나 정숙한 〈미네르바Minerve〉를 제외하면 모두가 가슴을 드러내고 바닥에 기대앉아 있다.

드레이퍼, 허버트 제임스 Draper, Herbert James (1863~1920)

〈이카로스를 위한 애도Complainte pour Icare〉 – 235쪽

드레이퍼는 영감을 받은 고대 신화를 북유럽, 특히 스코틀랜드 신화와 엮는 독창성을 발휘했다(〈아리아드네Ariane〉, 〈오디세우스와 세이레네스Ulysse et les sirènes〉, 〈아프로디테의 진주Les Perles d'Aphrodite〉, 〈메데이아와 황금 양털 Médée et la Toison d'or〉).

들라크루아, 외젠 Delacroix, Eugène (1798~1863)

〈격노한 메데이아Médée furieuse〉 – 278쪽

부르봉 궁의 〈문명을 가져오는 오르페우스Orphée〉, 루브르 박물관의 〈구렁이 파이톤을 물리친 아폴론Apollon〉, 파리 시청의 〈평화…La Paix…〉, 〈비너스Vénus〉, 〈마르스Mars〉, 〈헤라클레스Hercule〉에 이르기까지, 거장의 신화화는 굳이 나열하지 않아도 충분히 유명하다. 낭만주의를 고대풍으로 해석한 천재성이 돋보인다.

라파엘 Raphaël / **본명: 라파엘로 산치오** Raffaello Sanzio (1483~1520)

〈신들의 회의Le Conseil des dieux〉 - 8쪽

〈삼미신Trois Grâces〉 - 74쪽

〈파르나소스Le Parnasse〉 - 140쪽

이탈리아 르네상스를 대표하는 거장. 당대 관습대로 라파엘은 고대 인물과 당대 인물을 융화시킴으로써 고대 유산과 기독교적 휴머니즘을 하나로 묶었다.

레이턴, 프레데릭 Leighton, Frederic (1830~1896)

〈페르세포네의 귀환Le Retour de Perséphone〉 - 62쪽

레이턴은 신화에 대한 새로운 시각을 주장하려는 의도는 아니었지만 여러 작품에서 타고난 연출력으로 두각을 나타냈다(〈나우시카Nausicaa〉, 〈페르세우스와 안드로마케Persée et Andromède〉, 〈포로가 된 안드로마케Andromaque captive〉, 〈다이달로스와 이카로스Dédale et Icare〉).

로마노, 줄리오 Romano, Giulio (1492/1499~1546 추정)

〈기간테스의 몰락Chute des Géants〉 - 86쪽

1527년 카를 5세의 로마 약탈이 빚은 대혼란을 상징적으로 보여준 매너리즘 작가. 고대 세계와 그 영웅들을 당시 서구에 닥친 위기에 비추어 재해석했다. 그의 작품이 유독 요란하고 무질서한 것도 그 때문이다.

루벤스, 페테르 파울 Rubens, Peter Paul (1577~1640)

〈아들을 잡아먹는 사투르누스Saturne dévorant un de ses fils〉 - 18쪽

루벤스의 신화화는 주로 삶(〈오르페우스Orphée〉)과 죽음(〈나르키소스Narcisse〉, 〈악타이온Actéon〉)의 충동 사이에서 에로티시즘(〈비너스Vénus〉, 〈프시케Psyché〉)이 강하게 묻어난다. 바로크 세계관과 고대 유산의 모든 면을 다채롭게 보여준다.

르동, 오딜롱 Redon, Odilon (1840~1916)

〈키클롭스Le Cyclope〉 - 122쪽

한 편의 동화 같은 르동의 신화화(〈아폴론의 전차Le Char d'Apollon〉, 〈판도라Pandore〉)는 초현실과 현실을 잇는 가교가 되어 미스터리한 매력을 띤다. 머나먼 과거의 신기루가 일찍부터 서정적 추상을 명랑하게 예고한 듯하다.

마누엘, 니클라우스 도이치 Manuel, Niklaus Deutsch (1484~1530)

〈파리스의 심판Le Jugement de Pâris〉 - 194쪽

마누엘은 종교화를 거의 남기지 않은 스위스 화가다. 등장인물들의 기이한 복장이 특징이며 당대 궁정생활에서 주로 영감을 얻곤 했다(〈피라모스와 티스베Pyrame et Thisbé〉, 〈루크레티우스Lucrèce〉).

모로, 귀스타브 Moreau, Gustave (1826~1898)

〈프로메테우스Prométhée〉 – 68쪽

〈헤라클레스와 레르네의 히드라Hercule et l'Hydre de Lerne〉 – 104쪽

작가의 고대풍 그림은 언제나 전설과 미스터리를 담고 있다. 〈주피터와 세멜레Jupiter et Sémélé〉 이후로는 평범한 신화에서 벗어나 심미적 우아함과 신비로운 충동이 절묘하게 어우러진다.

(일) 바치치아 Il Baciccio / 본명: 조반니 바티스타 가울리 Giovanni Battista Gaulli (1639~1709)

〈아킬레우스와 아가멤논의 불화La Querelle d'Achille et d'Agamemnon〉 – 254쪽

로마의 일 제수 성당 천장을 장식한 바로크풍 종교화로 특히 유명하다. 부유한 후원자들의 주문으로 신화화도 소수 남겼다(〈아도니스의 죽음La Mort d'Adonis〉).

베로네세 Véronèse / 본명: 파올로 칼리아리 Paolo Caliari (1528~1588)

〈레다와 백조Léda et le cygne〉 – 158쪽

성서화의 마르지 않는 샘이었던 베로네세는 신화화에도 도전했다. 작품 수는 성서화보다 적지만 그에 못지않은 성공을 거두었다(〈악을 벼락으로 치는 주피터Jupiter foudroyant les Vices〉, 〈안드로메다를 구하는 페르세우스Persée délivrant Andromède〉, 〈비너스와 마르스와 큐피드Vénus, Mars et Cupidon〉).

보티첼리, 산드로 Botticelli, Sandro (1445~1510)

〈비너스의 탄생La Naissance de Vénus〉 – 56쪽

콰트로첸토의 마지막을 장식한 대가. 신화화(〈프리마베라Le Printemps〉 등)로 단숨에 명성을 얻었고, 이후 구약을 테마로 한 시스티나 성당 종교화로도 재능을 인정받았다.

뵈클린, 아르놀트 Böcklin, Arnold (1827~1901)

〈나이아스(네레이스)들의 유희Le Jeu des Naïades [Néréides]〉 – 128쪽

〈망자의 섬L'Île des morts〉 – 212쪽

어려서부터 지중해 세계에 매료되었던 스위스 화가, 아르놀트 뵈클린은 신화화의 내로라는 거장 중 하나다. 젊은 시절부터(〈갈대숲의 판Pan et les roseaux〉) 노년까지(〈사냥하는 디아나Diane chasseresse〉) 꾸준히 작품 활동을 했다.

부셰, 프랑수아 Boucher, François (1703~1770)

〈다이아나의 목욕Diane sortant du bain〉 – 44쪽

그의 작품 중 신화화들은 대개 아름다운 여성 나신의 다채로운 변주곡이다(〈비너스의 화장Toilette de Vénus〉). 그러나 〈불카누스의 대장간Les Forges de Vulcain〉은 고대를 향한 그의 동경과 열망을 보다 고차원적으로 보여주고 있다.

브뤼헐, 피터르 Bruegel, Pieter (1525~1669)

〈추락하는 이카루스가 있는 풍경La Chute d'Icare〉 – 230쪽

풍속화, 풍경화, 성서화에 뛰어난 재능을 보인 브뤼헐은 신화화를 거의 남기지 않았다. 플랑드르 원초주의 작품이 으레 그렇듯, 그의 우의화도 대부분 기독교적 상징을 담고 있다.

샤세리오, 테오도르 Chassériau, Théodore (1819~1856)

〈목욕하는 여인, 혹은 샘가에 잠든 님프Baigneuse, ou Nymphe endormie près d'une source〉 – 134쪽

젊은 나이부터 신화를 즐겨 다루었다. 1840년 이탈리아 여행을 계기로 신화화를 깊이 파고들었으며 여신의 모습을 그리는 데 출중한 재능을 과시했다(〈물에서 태어나는 비너스Vénus〉).

수르바란, 프란시스코 데 Zurbarán, Francisco (de) (1598~1664)

〈네메아의 사자를 처치하는 헤라클레스Héraclès affrontant le lion de Némée〉 – 98쪽

〈헤라클레스와 네소스의 튜닉Héraclès et la tunique de Nessos〉 – 116쪽

수르바란의 신화화는 헤라클레스의 삶을 담은 십여 점의 작품으로 압축할 수 있다. 헤라클레스는 스페인 합스부르크 가문의 신화적 조상이었고, 작가는 이 연작을 필리페 4세에게 헌정했다.

슈투크, 프란츠 폰 Stuck, Franz (von) (1863~1928)

〈부상당한 아마조네스Amazone blessée〉 – 110쪽

뮌헨 분리파 창립멤버인 슈투크는 신화에서 자주 영감을 끌어왔다. 과격한 남성과 치명적으로 아름다운 여성의 나체를 에로틱한 욕망을 부추기는 어둡고 멜랑콜릭한 분위기 속에 다루었다.

앵그르, 장 오귀스트 도미니크 Ingres, Jean Auguste Dominique (1780~1867)

〈유피테르와 테티스Jupiter et Thétis〉 – 20쪽

〈스핑크스의 수수께끼를 푸는 오이디푸스Œdipe explique l'énigme du Sphinx〉 – 242쪽

앵그르는 중년의 나이까지 고대 신화라는 토양에 깊이 뿌리내렸다(〈아에네이스를 읽어주는 베르길리우스Virgile lisant l'Énéide〉). 초기에는 진가를 인정받지 못했고, 〈스핑크스의 수수께끼를 푸는 오이디푸스〉와 〈유피테르와 테티

스)가 혹평을 받는 바람에 오래도록 로마에서 돌아오지 않았다.

엔느켕, 필립-오귀스트 Hennequin, Philippe Auguste (1762~1833)

〈오레스테스의 자책Les Remords d'Oreste〉 – 272쪽

〈오레스테스의 자책〉은 프랑스 혁명기와 나폴레옹 집권 등 시대적 파란에 집중하던 엔느켕이 남긴 몇 안 되는 신화
화 중 하나다. 황제를 빗댄 우의화 〈헤라클레스Hercule français〉를 루브르 궁 천장에 남기기도 했다.

와토, 장 앙투안 Watteau, Jean Antoine (1684~1721)

〈파리스의 심판Le Jugement de Pâris〉 – 199쪽

〈키테라 섬의 순례Le Pèlerinage à l'île de Cythère〉 – 206쪽

우아하기 그지없는 와토의 세계에서 신화란 가슴 저미도록 우수에 찬 분위기를 표현하는 하나의 수단이었다. 한없
이 섬세하고 슬프도록 세련된 작품들이 덧없는 인생의 비통함을 보여준다.

워터하우스, 존 윌리엄 Waterhouse, John William (1849~1917)

〈다나이데스Les Danaïdes〉 – 176쪽

〈오디세우스에게 잔을 건네는 키르케Circé offrant la coupe à Ulysse〉 – 266쪽

워터하우스는 원탁의 기사 전설을 다룬 연작만큼이나 그리스 신화를 통해서도 명성을 떨쳤다(〈오디세우스와 세이
렌Ulysse et les Sirènes〉, 〈다나에Danaé〉, 〈에코와 나르키소스Écho et Narcisse〉, 〈이아손과 메데이아Jason et Médée〉).
그는 작품을 통해 고대 황금기의 이상적인 아름다움을 찬미했다.

지로데-트리오종, 안 루이 Girodet-Trioson, Anne Louis (1767~1824)

〈피그말리온과 갈라테이아Pygmalion et Galatée〉 – 218쪽

지로데-트리오종은 북유럽 오시안 신화를 다룬 것으로 유명하다. 다비드의 걸출한 제자로, 여신의 감미로운 매력이
돋보이는 그림들을 남겼다(〈다나에Danaé〉, 〈비너스Vénus〉, 〈잠든 프시케Psyché endormie〉).

카라바조 Caravage / 본명: 미켈란젤로 메리시 Michelangelo Merisi (1571~1610)

〈나르키소스Narcisse〉 – 295쪽

카라바조가 신화에 많은 관심을 갖고 있었다고 평가받는 데에는 그의 후원자 프란체스코 델 몬테 추기경의 영향이
크다. 특히 삼십대에 그런 경향이 두드러졌으며 〈바쿠스〉와 〈메두사의 머리〉가 정점을 찍고 있다.

코레지오 Corrège / 본명: 안토니오 알레그리 Antonio Allegri (1489~1534)

〈주피터와 이오Jupiter et Io〉 - 152쪽

신화를 주제를 한 다양한 장식미술로 일찍부터 주목 받았다(〈삼미신Les Grâces〉, 〈파르카이Les Parques〉). 신화화에 꾸준한 애정을 과시했고, 특히 에로틱한 작품을 많이 남겼다(〈다나에Danaé〉, 〈가니메데스Ganymède〉, 〈레다와 백조 Léda〉).

코니예, 레옹 Cogniet, Léon (1794~1880)

〈헬레네를 구하는 카스토르와 폴리데우케스Castor et Pollux délivrant Hélène〉 - 200쪽

코니예는 등단 직후 신화로 명성을 떨쳤다(〈파트로클레스를 애도하는 브리세이스Briséis pleurant Patrocle〉, 〈부상 당한 파리스의 구조를 거부하는 오이노네Œnone refusant de secourir Pâris blessé〉). 하지만 1817~1822년 로마 유학 이후 관심사를 돌렸고 이후 오랫동안 공직에서 그림을 그렸다.

쿠쟁, 장 Cousin, Jean (1490~1550 추정)

〈에바 프리마 판도라Eva Prima Pandora〉 - 224쪽

쿠쟁의 작품 중 신화화가 차지하는 비중을 논하기에는 남겨진 자료가 너무 부족하다. 〈에우로파의 납치L'Enlèvement d'Europe〉는 쿠쟁의 아들이 그린 작품으로 보는 것이 전문가들의 일치된 견해다.

클림트, 구스타프 Klimt, Gustav (1862~1918)

〈팔라스 아테나Pallas Athéna〉 - 38쪽

오스트리아 화가에게 신화란 도발적이고 선정적인 여성의 관능미를 마음껏 표현할 훌륭한 구실이었다(〈디오니소스의 제단Autel à Dionysos〉, 〈다나에Danaé〉, 〈사포Sapho〉). 더러는 가까이하기 위험하고 때론 치명적인 여성들도 있었다(고르곤들이나 사이렌).

터너, 조지프 말로드 윌리엄 Turner, Joseph Mallord William (1775~1851)

〈아폴론과 피톤Apollon et le python〉 - 50쪽

고대를 사랑하고 빛과 사실감 있는 묘사를 중시한 영국 화가. 환상적 사실주의가 돋보이는 수많은 신화화를 남겼다 (〈폴리페모스를 조롱하는 오디세우스Ulysse raillant Polyphème〉, 〈글라우코스와 스킬라Glaucus et Scylla〉).

티에폴로, 조반니 바티스타 Tiepolo, Giovanni Battista (1696~1770)

〈다프네를 뒤쫓는 아폴론Apollon poursuivant Daphné〉 - 170쪽

베네치아파 화가. 고대 그리스와 로마의 힘찬 매력을 보여주는 다양한 작품을 그처럼 순수하고 훌륭하게 장식적으로 소화해낸 작가는 없었다(〈비너스와 시간의 신이 있는 우의화Allégorie avec Vénus et le Temps〉, 〈헤라클레스의 승

리Le Triomphe d'Hercule〉, 〈비너스와 불카누스Vénus et Vulcain〉).

티치아노 Titien / 본명: **티치아노 베셀리오** Tiziano Vecellio (1488~1576 추정)

〈플로라Flore〉 – 80쪽

〈시시포스Sisyphe〉 – 188쪽

티치아노의 신화화는 생기 있는 색감과 아름다운 인물 묘사가 특징이다(〈다나에Danaé〉, 〈바쿠스와 아리아드네Bacchus et Ariane〉). 비너스를 특히 좋아해서 비너스를 주제로 십여 점의 작품을 남겼다.

틴토레토 Corrège / 본명: **야코포 로부스티** Jacopo Robusti (1518~1594)

〈다나에Danaé〉 – 164쪽

성서화를 주로 그린 틴토레토는 신화화를 그릴 때면 당대 아카데미즘을 벗어나는 비범한 즉흥성과 자유로움을 선보이곤 했다(〈베네치아에 자신의 공작새를 주는 유노Junon offrant son paon à Venise〉, 〈비너스와 마르스를 놀라게 하는 불카누스Les Forges de Vulcain〉, 〈레다와 백조Léda et le cygne〉).

폼페이 미술

〈에우로페의 납치L'Enlèvement d'Europe〉 – 146쪽

〈안드로메다를 구하는 페르세우스Persée délivrant〉 – 182쪽

폼페이 예술가들은 균형미와 색채미가 돋보이는 상징적 풍자화를 많이 남겼으며 그들에게는 일상이나 다름없었을 신화를 주제로 했다.

푸생, 니콜라 Poussin, Nicolas (1594~1665)

〈오르페우스와 에우리디케가 있는 풍경Paysage avec Orphée et Eurydice〉 – 236쪽

〈에코와 나르키소스Écho et Narcisse〉 – 290쪽

신화를 주제로 한 푸생의 풍경 그림에서는 진중한 정신 세계가 느껴진다(〈포키온의 재가 있는 풍경Paysage avec les cendres de Phocion〉, 〈헤라클레스와 카쿠스가 있는 풍경Paysage avec Hercule et Cacus〉). 덧없는 인생과 대비되는 자연의 영속성을 진지하게 고민한 흔적이다.

피카소, 파블로 Picasso, Pablo (1881~1973)

〈미노타우로스와 죽은 암말Minotaure et la jument morte〉 – 308쪽

피카소는 복잡 미묘한 테마들을 기상천외한 스타일로 소화했다. 신화가 남긴 많고 많은 유산 가운데 인간적이기에 더 비참한 미노타우로스의 모습을 특히 즐겨 다루었다(〈미노타우로마키Minotauromachie〉 외 다수).

◈ 참고문헌 ◈

신화의 출처인 고대 문헌을 참조하려는 사학자들은 그 작업이 얼마나 고역인지 금세 깨닫게 된다. 여기에는 적어도 세 가지의 이유가 있다.

먼저는, 수천 년의 세월이 고대 자료를 거의 남겨 두지 않은 탓이다. 이 책에서 만났던 여성 시인, 코리나와 사포만 보아도 알 수 있다. 두 사람의 작품에 대한 우리의 지식은 짤막하고 단편적이며 불확실한 구절 몇 개에 국한되어 있다.

둘째로, 여러 자료의 엇갈린 증언이 빈번하기 때문이다. 대개는 서로 큰 차이를 보이고, 때로는 심각하게 어긋난다. 신들의 속성이든 인간의 업적이든, 역사학자는 따로 노는, 심지어 모순되는 여러 가설을 놓고 고민에 빠지게 된다.

끝으로, 문헌 대부분이 헬라어와 라틴어로 되어 있기에 번역사들의 지식과 역량에 의존할 수밖에 없다. 지난 수십 년의 발전에 힘입어 오늘날 번역은 원문에 충실한 접근을 허락하고 있지만, 그럼에도 더 이상 쓰이지 않는 고어가 가득한 판본이 여전히 참고문헌 목록에 올라 있다. 가령 프랑스에서는 19세기 시인 르콩트 드 릴이 옮긴 『일리아스』와 『오디세이아』가 작가가 구사한 언어의 아름다움 때문에 끊임없이 인용된다. 오늘날 인문학의 공로를 굳이 부풀리지 않더라도 최근 역본이 최고의 역본인 것만은 인정해야 한다. 앞선 이들의 수고가 그대로 녹아 있을 테니 당연한 결과다. 따라서 가장 신뢰할 만한 자료를 찾는 독자라면 최신 역서 쪽으로 마음이 기울게 마련이며, 특히 이전 판본들을 학문적 용도에 맞게 올바로 참조하고 있다면 더욱 그럴 것이다.

아래는 우리가 지금까지 그림을 통해 신화와 만나는 동안 도움을 주었던 주요 저서 목록이다. 원서와 역서를 오가며 인용했고, 경우에 따라서는 본서의 맥락에 맞추어 저자가 직접 옮긴 발췌문들도 있다.

그리스 문헌

『**신통기**Théogonie』, 헤시오도스Hésiode, B.C. 8세기경

『**일리아스**Iliade』, 호메로스Homère, B.C. 8세기경

『**오디세이아**Odyssée』, 호메로스Homère, B.C. 7~8세기경

아이스킬로스Eschyle, **소포클레스**Sophocle, **에우리피데스**Euripide, **아리스토파네스**Aristophane**의 희극**, B.C. 5세기

『**송가**Odes』, 핀다로스Pindare, B.C. 5세기

『**찬가**Hymnes』, 칼리마코스Callimaque, B.C. 4세기

『**대화편**Dialogues』, 플라톤Platon, B.C. 4세기

『**알렉산드라**Alexandra』, 리코프론Lycophron, B.C. 4세기

『**아르고나우티카**Argonautiques』, 아폴로니오스 로디오스Apollonios de Rhodes, B.C. 3세기

『**별자리**Constellations』, 에라토스테네스Ératosthène, B.C. 3세기

『**세계사**Bibliothèque historique』, 디오도로스 시켈로스Diodore de Sicile, B.C. 1세기

『**신화집**Bibliothèque』, 저자 미상, A.D. 1~2세기

『**그리스 이야기**Périégèse』, 파우사니아스Pausanias, A.D. 2세기

『**영웅전**Vies parallèles』, 플루타르코스Plutarque, A.D. 2세기

『**디오니소스 이야기**Dionysiaques』, 논노스Nonnos, A.D. 5세기

로마 문헌

『**아이네이스**Énéide』, 『**전원시**Bucoliques』, 『**게오르기카**Géorgiques』, 베르길리우스Virgile, B.C. 1세기

『**신들의 본성에 관하여**De la nature des dieux』, 키케로Cicéron, B.C. 1세기

『**달력**Fastes』, 『**변신 이야기**Métamorphoses』, 오비디우스Ovide, A.D. 1~10년경

『**신화집**Fables』, 히지노Hygin, B.C. 1세기~A.D. 1세기

『**로마사**Histoire romaine』, 티투스 리비우스Tite-Live, A.D. 1세기

◈ 본문 사진 판권 ◈

P. 8-9 : Ph. © Deagostini/Leemage ; p. 15, p.17 : Ph. © Luisa Ricciarini/Leemage ; p. 18 Ph. © Archives Larousse ; p. 21, p. 22 : Ph. © MP/Leemage ; p. 26-27, p. 28-29 : Ph. © RMN-Grand Palais (domaine de Compiègne)/Thierry Ollivier ; p. 32-33, p.34-35 : Ph. © Rabatti & Domingie/AKG Images ; 목차, p. 38-39, p. 40 :Ph. © FineArtImages/Leemage ; p. 44-45, p.46-47 : Ph. © RMN-Grand Palais (musée du Louvre)/Mathieu Rabeau ; p. 50-51, p. 52-53 : Ph. © Tate, Londres, Dist. RMNGrand Palais/Tate Photography ; 목차, p. 56-57, p.58-59 : Ph. © Raffael/Leemage ; p. 63, p. 65 : Ph. © Bridgeman Images ; p. 69, p. 71 : Ph. © Youngtae/Leemage. ; p. 74-75, p. 76-77 : Ph. © Photo Josse/Leemage ; p. 81, p. 83 : Ph. © Archives Alinari, Florence, Dist. RMN-Grand Palais/ Nicolas Lorusso ; p. 86-87, p. 88-89 : Ph. © Raffael/Leemage ; p. 92-93, p. 95 : Ph. © Nora Rupp/Musée cantonal des Beaux-Arts, Lausanne ; 목차, p. 98-99, p. 100-101 : Ph. © Oronoz/AKG Images ; p. 105, p. 107 : Ph. © Superstock/Leemage ; p. 110-111, p. 112-113 : Ph. © FineArtImages/Leemage ; p. 116-117, 119 : Ph. © Joseph Martin/AKG Images ; 목차, p. 123, p. 125 : Ph. © SuperStock/Leemage ; p. 128-129, p. 130-131 : Ph. © SuperStock/Leemage ; p. 134-135, p. 136-137 : Ph. © SuperStock/Leemage ; p. 140-141, p. 142-143 : Ph. © Luisa Ricciarini/Leemage ; p. 147, p. 149 : Ph. © Electa/Leemage ; p. 153, p. 155 : Ph. © FineArtImages/Leemage ; p. 159, p. 161 : Ph. © RMN-Grand Palais/Gérard Blot ; p. 164-165, p. 166-167 : Ph. © Photo Josse/Leemage ; 목차, p. 170-171, p. 173 : Ph. © National Gallery of Art, Washington. ; p. 177, p. 179 : Ph. © Christie's Images/Bridgeman Images ; p. 183, p. 185 : Ph. © Raffael/Leemage ; p. 189, p. 191 : Ph. © Oronoz/Album/AKG Images ; 목차, p. 195, p. 197 : Ph. Coll. Archives Larousse ; p. 199 Ph. © Archives Larbor ; p. 201, p. 203 : Ph. © Beaux-Arts de Paris, Dist. RMN-Grand Palais/Image Beaux-Arts de Paris ; p. 206-207, p. 208-209 : Ph. © Archives Larbor ; p. 212-213, 214-215 : Ph. Coll. Archives Larbor ; p. 219, p. 221 : Ph. © Musée du Louvre, Dist. RMN-Grand Palais/Angèle Dequier ; p. 224-225, p. 226-227 : Ph. © Erich Lessing/AKG Images ; 목차, p. 230-231, p. 233 : Ph. © DeAgostini/Leemage ; p. 235 Ph. © Archives Larbor ; p. 236-237, p. 238-239 : Ph. Hubert Josse © Archives Larbor. ; 목차, p. 243, p. 245 : Ph. © Archives Larousse ; p. 248-249, p. 2510-251 : Ph. © Musée du Louvre, Dist. RMNGrand Palais/Angèle Dequier ; p. 254-255, p. 256-257 : Ph. © RMN-Grand Palais/Thierry Ollivier ; p. 261, p. 162 : Ph. © Luisa Ricciarini/Leemage ; 목차, p. 267, p. 268 : Ph. © Bridgeman Images ; p. 272-273, p. 274-275 : Ph. © RMN-Grand Palais (musée du Louvre)/Jean-Gilles Berizzi ; p. 279, p. 280 : Ph. © Photo Josse/Leemage ; p. 284-285, p. 286-287 : h. © Photo Josse/Leemage ; p. 290-291, p. 292 : Ph. © Musée du Louvre, Dist. RMN-Grand Palais ; p. 294 Ph. © Erich Lessing/AKG Images ; p. 296-297, p. 298-299 : Ph. © Musée du Louvre, Dist. RMN-Grand Palais/Angèle Dequier ; p. 303, p. 304 : Ph. © RMN-Grand Palais/ Benoît Touchard; p. 308-309, p. 310-311 : Ph. © Bridgeman Images. © Succession Picasso 2020.

◈ 표지 사진 판권 ◈

상단그림 왼쪽부터 오른쪽으로 : Ph.©RMN-Grand Palais/Benoît Touchard ; Ph.©Oronoz/AKG Images ; Ph. ©Musée du Louvre, Dist. RMN-Grand Palais/Angèle Dequier
하단그림 : Ph. © National Gallery of Art, Washington ; Ph. © Bridgeman Images ; Ph. © Bridgeman Images ; Ph. © Archives Larousse.